KERSTIN MAYER

ZERO WASTE

—— OHNE

STRESS

Dein Start in ein
nachhaltigeres Familienleben

KOSMOS

INHALT

Weniger Zeug, weniger Plastik, weniger Müll

Die Messlatte hängt hoch: Zero Waste, null Müll, fühlt sich unerreichbar an, wenn man mitten im Leben steht und die Dinge tut, wie man sie halt so tut. Doch es gibt einen Weg zu weniger haben und mehr leben!

> Stell dir dein ganz individuelles Zero-Waste-Leben zusammen, das für dich passt und in dem du dich glücklich fühlst.

STARTEN OHNE STRESS

Eigentlich ist es uns längst klar: Wir wollen nicht schuld sein an vermüllten Meeren. Mikroplastik möchten wir weder ins Abwasser spülen noch essen oder einatmen. Und beim Einkauf spüren wir, wie genervt wir von all diesen Wegwerfverpackungen sind – während wir nach der 500-Gramm-Packung Nudeln in Plastik greifen und Tiefkühlware in den Wagen legen.

Wie schaffen wir es, auf dem Weg zu Zero Waste und plastikfrei tatsächlich voranzukommen? Den „Super-Öko" zu spielen, darauf hast du keine Lust. Und auf Zero Waste als neues Hobby kannst du ebenfalls gerne verzichten. Du hast auch so schon genug um die Ohren! Trotzdem engagierst du dich. Denn dir ist klar, dass du es endlich besser machen willst.

Zuallererst ist wichtig: Lass dich nicht in Stress versetzen und überfordere dich nicht selbst. Stattdessen gehst du Schritt für Schritt voran. Wenn du das Rad erst mal ins Rollen gebracht hast, wirst du merken, dass Vieles fast von alleine funktioniert. Du wirst stolz darauf sein, dass immer seltener der Müll rausgebracht und die Tonnen auf Diät gesetzt. Immer weniger Plastik und Verpackungsmüll wirst du zu Hause haben. Du wirst wissen, wo und was du einkaufst, um Plastik zu sparen und Müll zu vermeiden. Altes darf gehen. Dabei entsteht Raum für Neues – oder Raum für Ruhe

Du gehst einkaufen und bringst Berge an Verpackungsmüll mit nach Hause. Geht dir das auf die Nerven? Super! Nutze diesen Trigger als Aufforderung für neue, glücklichere Wege.

und Nichtstun. Dieses Buch unterstützt dich dabei, neben Plastik und Müll auch anderen Ballast abzuwerfen und dich in deinem Leben zufriedener und wohler zu fühlen. Lass uns den Weg zusammen gehen!

Wir wissen, wie wichtig es ist, jetzt ins Handeln zu kommen und echte Nachhaltigkeit zu leben. Dabei brauchen wir die Power von Vielen – denn es genügt nicht, wenn einige wenige Menschen perfekt ökologisch leben. Stattdessen dürfen wir uns erlauben, auf dem Weg zu sein. Dabei werden wir Stellschrauben

entdecken, die uns zuvor gar nicht bewusst waren.
Genau hier Veränderung zu wagen, das ist der Schlüssel.

LASST UNS MUTIG UND FREI SEIN

tatsächlich eine Stellschraube nach der anderen zu drehen. Denn genau das wird uns, wenn wir eines Tages im Lehnstuhl sitzen, alt und grau, tiefe Zufriedenheit im Herzen fühlen lassen.

Veränderungen sind Chancen, in der eigenen Lebenswelt für Positives zu sorgen.

Es ist deine Welt, dein Leben

Solltest du dich mal wieder zerrissen fühlen zwischen Mahatma Gandhis „Sei selbst die Veränderung, die du dir in der Welt wünschst" und der Frage, was du als einzelner Mensch überhaupt ausrichten kannst, erinnere dich daran: Du hast genau eine Welt, die du beeinflussen kannst. Sie ist genau so riesig, wie du sie dir vorstellen kannst. Es ist deine Welt, dein Leben. Diese Welt, dieses Leben wartet darauf, von dir gelebt und in die schönsten Farben getaucht zu werden. Je mehr Menschen besonnen und mutig ihr Leben so gestalten, wie es sich für sie im tiefsten Herzen richtig anfühlt, desto besser wird die Welt im Gesamten.

DAS BESTE FÜR DICH HERAUSHOLEN

Wir bewegen uns gemeinsam durch dein Zuhause. Raum für Raum finden wir die für dich perfekten Stellschrauben, sodass du dein Leben häppchenweise hin zu weniger Müll und Plastik weiterentwickeln kannst. Jedes Kapitel gliedert sich in vier Bereiche: Neben Wissenseinheiten, die in weiterem Zusammenhang mit dem Thema

Zero Waste stehen, findest du in jedem Kapitel konkretes Knowhow zum Kapitelthema, also zum jeweiligen Raum oder Lebensbereich. Außerdem erwarten dich je Kapitel eine konkrete Aufgabe sowie eine beispielhafte Zusammenstellung, die dir als Orientierung und Impuls dient, aber unbedingt anzupassen ist an deine individuellen Vorstellungen und Bedürfnisse. Letzteres ist entstanden aus meinen persönlichen Erfahrungen und aus dem Austausch mit meinen Kunden und Kundinnen, Followern und Followerinnen und anderen am Thema Interessierten. Sieh diese

> Wenn viele kleine Leute
> an vielen kleinen Orten
> viele kleine Dinge tun,
> werden sie das Gesicht der Welt
> verändern.
> *(afrikanisches Sprichwort)*

konkreten Ideen und Musthave-Sammlungen als Pool, aus dem du schöpfen und den du frei für dich weiterentwickeln kannst. Für keine Herausforderung der Welt gibt es ein Patentrezept. Lösungen funktionieren nur dann langfristig, wenn sie ans jeweilige System (dein individuelles System, dein Leben) angepasst sind. Das gilt selbstverständlich genauso für alle Anregungen, die du in diesem Buch findest.

Entspannt und systematisch

Das Beste kannst du aus diesem Buch für dich rausholen, wenn du es entspannt und gleichzeitig systematisch angehst. Entscheide dich für einen festen Zeitraum, zum Beispiel eine oder zwei Wochen je Kapitel. Lies dieses Buch nicht einfach durch und stelle es dann ins Regal, sondern wechsle ab zwischen Lesen, Bearbeiten einer Aufgabe und konkreter Umsetzung in deinem Zuhause. Nimm dir auch die Plus-Minus-Analyse zu Herzen und wende sie an. Sie zeigt dir, welchen Ballast du loslassen willst, und ist damit ein wichtiger Baustein, um langfristig zu echter Zufriedenheit und Lebensglück zu finden.

WARUM ES WICHTIG IST, DASS SICH WAS TUT

Niemand von uns kann alleine die Welt retten. Jedoch dürfen wir dieses Argument allein aus ethischer Sicht nicht nutzen, um die Verantwortung abzugeben und einfach weiterzumachen wie bisher. Nutzen wir das bestehende Wissen, um eine lebenswerte Zukunft zu gestalten. Wegweiser sind Modelle wie die „planetaren Belastbarkeitsgrenzen". Die Wissenschaftler und Wissenschaftlerinnen des Stockholm Resilience Centre verstehen die Erde als System, das zwar belastbar ist, aber nur bis zu einem bestimmten Maß. In bestimmten Bereichen ist das Maß bereits voll. Müll und Mikroplastik spielen insbesondere im Bereich „Freisetzung von neuartigen Stoffen" eine Rolle.

1. Erst mal loslassen und den Kopf frei machen.

2. Mit Unterstützung kommst du schneller voran.

Dein Schlüssel zu mehr Lebensqualität

Ein Leben mit wenig Müll und Plastik, aber ohne echte Zufriedenheit: Das ist kein erstrebenswertes Ziel. Nutze dieses Buch und drehe gleichzeitig an den Stellschrauben Müll, Plastik und Lebensqualität.

DIE PLUS-MINUS-ANALYSE

Ein wunderbares Werkzeug, das dich durch die Räume deines Zuhauses begleiten darf, ist die Plus-Minus-Analyse. Mit ihr erkennst du, welche Dinge und To-dos dich belasten und welche dich wahrhaft bereichern. Dein Ziel ist es, den Ballast, den Bullshit, das Negative aus deinem Leben fortziehen zu lassen – stattdessen richtest du dich auf das Positive aus und steigerst damit ganz bewusst deine Lebensqualität.

SO GEHT´S!

Entscheide dich für einen Raum oder Bereich deines Lebens. Nimm dir ein Notizbuch, dein Bullet Journal oder einen blanko Bogen Papier. Notiere oben ein dickes Pluszeichen (+), unten ein Minus (−). Damit schaffst du ein freies, stufenloses Spannungsfeld zwischen positiver und negativer Bewertung.

Jetzt kann's losgehen: Trage alle Gegenstände, die du siehst, To-dos, die dir einfallen, und Gedan-

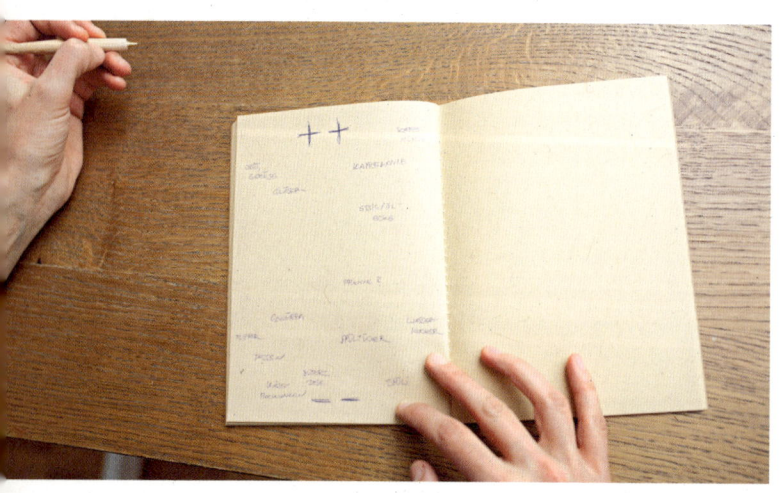

Sich bewusst machen, was einem gut tut. Loslassen, was belastet.

ken, die du hast, an einer beliebigen Stelle auf dem Papier ein. Denke nicht lange nach, sondern setze deinen Stift intuitiv für jede einzelne Notiz auf deinem Analysebogen ab. Vertraue bei der Auswahl der „richtigen" Stelle auf dein Gefühl und lass deinen Verstand Pause machen. Den brauchst du später bei der Auswertung wieder. Wenn du fertig bist, trennst du zirka das untere Fünftel ab, also den Negativteil deines Analysebogens. Alle Punkte, die hier zu lesen sind, möchtest du aus deinem Leben ziehen lassen. Einige Dinge wirst du nicht so einfach loslassen können – diese transformierst du stattdessen in etwas, das dir guttut.

Mache diese Übung für jedes Kapitel, jeden Raum deines Zuhauses ein Mal in Ruhe durch. Wähle ein Zeitfenster von zirka 20 Minuten, in dem dein Kopf abschalten kann. Wenn Familienmitglieder zu Hause sind, bitte sie um ihre Unterstützung, indem sie dir das Zeitfenster freihalten.

Schlüssel zu mehr Lebensqualität: Gönn dir Zeit und Ruhe für klare Erkenntnisse.

Ein Beispiel

Angenommen, du hast dich für eine Plus-Minus-Analyse in deinem Badezimmer entschieden. Du bereitest dich vor, indem du ein Pluszeichen oben und ein Minuszeichen unten auf einer leeren Seite deines Notizbuchs notierst. Nun schaust du dich im Raum um. Dein Blick bleibt an der Tube Zahnpasta hängen, die du gerne schon längst gegen eine nachhaltigere Alternative ausgetauscht hättest. Fühlt sich nicht so gut an. Deinen Stift setzt du – spontan und unüberlegt – im Bereich unten rechts an und schreibst den Begriff „Zahnpastatube" auf. Als nächstes siehst du den Lippenstift in deiner Lieblingsfarbe und du freust dich schon jetzt auf einen Anlass ihn aufzutragen. Das Wort „Lieblings-Lippenstift" notierst du ganz klar oben auf deinem Analysebogen. Bei der Haarbürste bist du emotionslos, trägst sie mittig ein und schaust dich weiter im Bad um. Sicher

erkennst du, wie die Analyse funktioniert. Lass dich darauf ein und finde Klarheit für dich.

Beim Abtrennen des Negativbereichs wirst du merken, dass du einige dieser Punkte nicht einfach loslassen kannst. Beispielsweise stört dich zwar die Zahnpastatube sehr, aber natürlich willst du weiterhin saubere Zähne und einen guten Geschmack im Mund haben. Finde also Möglichkeiten, deine Ziele zu erreichen und dich dabei gut zu fühlen. Um beim Beispiel der Zahnpastatube zu bleiben: Möglicherweise fühlst du dich besser, wenn du dir endlich diese Zahnputztabletten besorgst und zum Ausprobieren bereitliegen hast, während die bisherige Tube mit jedem Mal Zähneputzen leerer wird und deine Vorfreude auf die neue Lösung wächst.

Zwei Ansätze, die helfen

Du möchtest effizient, enspannt und mit gutem Gefühl vorankommen. Fang mit kleinen Häppchen an und befasse dich mit dem 80/20-Prinzip. Es ist nämlich gar nicht so schwer, echte Fortschritte zu machen in Richtung Zero Waste.

HÄPPCHEN STATT RIESIGE BROCKEN

Zero Waste kann dir wie ein riesiger Berg erscheinen, vor dem du stehst. Du fragst dich, wie du das jemals alles schaffen sollst. Mit Zero Waste ist es wie mit anderen Zielen auch: Je kleiner die Häppchen, die du dir vornimmst, desto leichter kommst du voran und desto mehr bist du im Flow. Sieh Zero Waste als Absichtserklärung. Sieh es als Weg, den du gehst. Mach den riesigen Berg klein, ziehe die Steinchen auseinander, und – schwupp – hast du die ersten Schritte schon geschafft. Genau so ist dieses Buch strukturiert. Du findest viele kleine Einheiten, die du nach und nach für dich anpacken und umsetzen kannst. In deiner Reihenfolge und in deinem Tempo. Dadurch erreichst du, dass du dich nicht überforderst und damit demotivierst, sondern dass du am Ball bleibst und deine Motivation langfristig aufrecht erhältst.

Solltest du in den nächsten Wochen an einen Punkt kommen, an dem du nicht weiterweißt, erinnere dich an dieses Bild der kleinen Steinchen, über die du locker-flockig hüpfen kannst. Vielleicht hast du einfach nur den Fehler gemacht, den Berg nicht genug zerkleinert zu haben. Kein Problem, das kannst du jederzeit nachholen! Splitte die große Hürde, den großen Felsen, der dir im Weg steht, in kleine Einheiten auf. Schreibe dein Problem auf, nimm es auseinander und forme kleinere Teilschritte daraus, bis du merkst, dass das ursprüngliche Problem verschwunden ist. Stattdessen wirst du Klarheit darüber haben, welche Schritte du als Nächstes gehen kannst.

DAS 80/20-PRINZIP

Das aus der Wirtschaft stammende Pareto-Prinzip, auch bekannt unter 80/20-Regel, „besagt, dass 80 Prozent des Erfolgs auf 20 Prozent der

DAS 80/20-PRINZIP

Geh Schritt für Schritt
voran und nutze das
Pareto-Prinzip für dich.

eingesetzten Mittel zurückgehen"
(Koch 2015). Das Prinzip lässt sich
auch auf deinen Weg zu Zero Waste
übertragen: Mit rund 20 Prozent
deiner eingesetzten Energie kannst
du 80 Prozent Ergebnis sehen. Es ist
also unglaublich sinnvoll, zunächst
die Stellschrauben zu finden, an denen es sich zu drehen lohnt, da sie
besonders effizient sind.

Das Wissen und die Übungen in
diesem Buch werden dir genau dazu
verhelfen. Ein netter Nebeneffekt
ist, dass dir die Erkenntnis über dieses Prinzip helfen kann dich zu ent-
spannen. Es ist nämlich gar nicht so
schwer, echte Fortschritte zu machen in Richtung Zero Waste. Sei
gerne faul, aber bitte unbedingt
clever!

Deine erste Aufgabe

Was ist dein persönliches Ziel, das du mit Zero Waste ohne Stress erreichen möchtest? Worauf liegt dein Fokus? Wo willst du in sechs bis zwölf Wochen stehen? Wie soll dein Zuhause und dein Leben dann aussehen? Wie wirst du dich damit fühlen?

Formuliere dein Ziel und deinen Fokus so kurz wie möglich. So kannst du jederzeit darauf zurückgreifen. – Sei es als motivierender Impuls für dich selbst oder als Auswertungshilfe, um herauszufinden, wie weit du bereits gekommen bist. Teile gerne deine Zeilen mit mir, denn dadurch verankerst du dein Ziel zusätzlich. Und gemeinsam geht's sowieso immer leichter als allein! Du kannst mir eine Mail schicken oder mich auf meiner Internetseite oder auf Instagram besuchen (Adressen auf Seite 122). Und jetzt los: Lies noch einmal die Fragen oben auf dieser Seite unter der Überschrift und notiere unten deine Antworten.

KÜCHE UND ESSZIMMER

PLASTIKFREI KANN SO SCHÖN SEIN!

Brettchen, Zitronenpresse und Messergriff aus Holz.
Leitungswasser mit Zitrone in Glaskaraffe.

———

Dort, wo gekocht und gegessen wird, spielt das Leben!

Und hier starten wir heute. Neben den Bausteinen mit allgemeinem Wissen zu diesen Räumen wirst du mit einer Checkliste arbeiten, die ganz individuell auf dich zugeschnitten ist. Ich wünsche dir vorab viel Erfolg bei der Umsetzung!

WAS IST PLASTIK?

Beim Thema Müll spielen Plastik und erdölbasierte Stoffe eine besondere Rolle: Sie lassen sich nicht, wie zum Beispiel Papier, sinnvoll in einem Kreislauf führen, denn sie verrotten nicht. Ihre Herstellung erfordert enorme Mengen an Energie und häufig ist allein schon die Gewinnung der Rohstoffe alles andere als nachhaltig oder gesund. Die Themen „Zero Waste" und „plastikfrei" hängen daher untrennbar zusammen. Wir verschaffen uns zuerst einen Überblick und starten mit der Frage:

Wofür verwenden wir Plastik?

Laut Statistik verwenden wir Plastik vor allem für Verpackungen. Diese werden überwiegend nur ein einziges Mal genutzt. Plastik wird außerdem im Bausektor und in der Textilienindustrie verarbeitet. Ein großer Teil unserer weltweiten Gebrauchswaren (Alltagsgegenstände zu Hause) besteht aus Plastik. Auch im Transport und im Verkehr wird Plastik eingesetzt – denke zum Beispiel an dein Auto. Im Elektronikbereich ist Plastik ein wichtiges Material, beispielsweise als Gehäuse elektronischer Geräte. In der Industrie selbst wird Plastik eingesetzt, zum Beispiel für Bauteile von Maschinen.

Spannend ist, dass fast die Hälfte von allem Plastik, das es jemals gab, seit dem Jahr 2000 hergestellt wurde. Es ist also noch nicht lange her, dass es gar kein Plastik gab – Und schon gar nicht in der heute eingesetzten Menge. Vor dem Plastik-Boom waren die Menschen nicht auf Plastik angewiesen, weil es nicht zur Verfügung stand. Sie waren es schlichtweg nicht gewohnt, nutzten im Alltag Gegenstände aus anderen Materialien und hatten andere, plastikfreie Gewohnheiten.

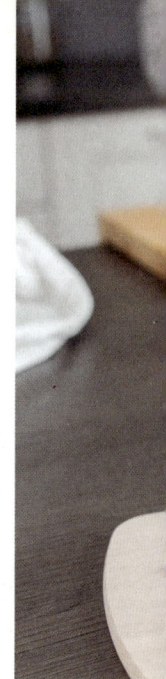

DAFÜR LIEBEN WIR PLASTIK – UND GEHEN RISIKEN EIN

Der Begriff Plastik (denk an „plastisch") beschreibt schon eine der besonders positiven Eigenschaften des Materials: Es ist leicht formbar, einfach plastisch bearbeitbar, vor allem durch Wärme und Hitze, aber auch durch chemische Reaktionen, durch chemische Zusätze, also durch Zugabe bestimmter Stoffe. Die Definition nach Duden lautet: „Plastik, das: englisch plastic(s), zu: plastic = weich, knetbar, verformbar; lateinisch plasticus, plastisch".

Die Anforderungen, die wir an Plastik haben, sind abhängig davon, was wir mit dem Material später tun wollen, welche Gegenstände daraus entstehen sollen. Denn dem Plastik werden je nach Anwendungszweck verschiedene Stoffe hin-

WELCHES EQUIPMENT BESTEHT IN DEINER KÜCHE AUS PLASTIK?

Beim Schneiden auf Brettchen lösen sich kleinste Teilchen aus der Oberfläche und gelangen ins Essen. Nutze Holz statt Plastik.

Möglichst wenig Plastik an Lebensmittel ranzulassen ist vielfältig möglich.

zugegeben. Dazu zählen **Weichmacher**, durch die der Gegenstand später weicher, formbarer und nachgiebiger bleibt. Sie sind zu finden in Luftmatratzen, Schwimmreifen und anderem aufblasbarem Wasserspielzeug, aber auch in Kinderspielsachen und vielen anderen Gegenständen.

Ein weiterer, inzwischen verbreiteter Zusatz sind **Flammschutzmittel**. Sie dienen dem Schutz vor Entzündung, vor Brand und Flammen. Sie werden überall dort eingesetzt, wo die Hersteller meinen, dass ein erhöhtes Brandrisiko besteht, oder wo man einfach sicher sein möchte, dass kein Brand entstehen kann. Das ist beispielsweise bei vielen Elektrogeräten der Fall: Hier ist immer Strom mit im Spiel, es kann zu einem Kurzschluss kommen. Dann ist es wichtig, dass das Plastik, das an sich sehr leicht brennbar ist, sich eben nicht so leicht entzünden kann.

Auch in der **Dämmung** von Häusern, in **Polystyrol**, werden gerne Flammschutzmittel zugesetzt. Zwar befinden sich die Stoffe dadurch meist nicht im Innenraum, sodass kein direkter gesundheitlicher Schaden zu erwarten ist, aber aus ökologischen Gründen und gerade wegen der

fehlenden Perspektive, denn die klassische Polystyroldämmung kann später nur als Sondermüll entsorgt werden, ist die Verwendung nicht empfehlenswert.

Weitere Zusatzstoffe von Plastik sind **Stabilisatoren**, **Füllstoffe** oder **Farbpigmente**.

Das Problem besteht darin, dass Zusatzstoffe in Plastik oft nicht fest gebunden sind im Plastik. Das heißt, dass sie sich mit der Zeit oder durch bestimmte Einflüsse (auf die wir später genauer eingehen) aus dem Plastik herauslösen oder ausdampfen können. Dadurch gelangen sie als kleinste Teilchen oder Dämpfe in dein Zuhause, sind im Hausstaub zu finden, können eingeatmet oder anderweitig vom Körper aufgenommen werden. So hat man dann die (Schad-)Stoffe nicht mehr im oder am Produkt selbst, sondern frei im Raum.

SCHÜTZT UNS DAS GESETZ VOR SCHÄDLICHEN STOFFEN?

In Deutschland gibt es für alles Mögliche und Unmögliche verschiedenste Richtlinien und Normen. Eigentlich könnte man sich dadurch sicher fühlen – der Staat passt ja auf uns auf. Leider ist das pauschal aber nicht der Fall, ganz unabhängig davon, wie sehr unser Staat alle Bürger*innen schützen möchte. Warum nicht? Anhand des folgenden Beispiels wird es verständlich: Gesetzlicher Schutz braucht immer Zeit. Zwischen ca. 1960 und 1990 gab es einen riesigen Hype um Asbest. Asbest war DIE Lösung schlechthin, wenn es darum ging, dass ein Bauteil gegen große Hitze oder starke mechanische Abnutzung standhalten musste. Dafür war Asbest einfach prädestiniert. Mit der Zeit wurde aber klar, dass es schlimme gesundheitliche Folgen haben kann, wenn Menschen den Asbestfasern ausgesetzt sind. In den 1990er Jahren wurde Asbest in Deutschland schließlich verboten.

Es vergingen Jahrzehnte ab dem Zeitpunkt erster kritischer Stimmen und Hinweise, dass Asbest stark gesundheitsschädigend ist, bis zum Verbot des Materials in Deutschland. Während dieser Zeit war Asbest für viele zum Beispiel im Handwerk tätige Menschen gang und gäbe – sie waren dem schädlichen Material ausgesetzt. Erst viele Jahre, sogar Jahrzehnte später wurde diese gesundheitliche Belastung abgestellt.

Lebensmittel aufbe-
wahren – zum Beispiel
im Glas statt in der
Kunststoffdose.

Und beim Plastik?

In einer ähnlichen Situation sind
wir im Moment mit Plastik. Es gibt
wissenschaftliche Hinweise, dass
Plastik schädlich sein kann – dass
bestimmte Zusätze im Plastik nicht
fest gebunden sind, dadurch aus
dem Plastik entweichen und um-
welt- sowie gesundheitsschädigend
sein können.

Eine der Herausforderungen ist,
dass es eine schier unüberschaubare
Anzahl an Stoffen gibt, die dem
Plastik zugesetzt werden. Niemand
kann heute komplett durchdringen,
welcher Zusatzstoff welchen Schaden anrichten kann oder welches
Risiko birgt. Selbst Wissenschaftlerinnen und Wissenschaftler wie
Carolin Völker, Forschungsgruppe
PlastiX, weisen darauf hin: „Wie
unsere Studien zeigt, kann ein Joghurtbecher giftige Chemikalien
enthalten, während ein anderer frei
davon ist.‟

Die Politik ist aktuell nicht bereit,
gesetzlich hart einzuschreiten und
große Sicherheitsvorkehrungen zu
treffen. Mit wachsender Erkenntnis
aus der Wissenschaft und mit stei-
gendem Bewusstsein in der Gesellschaft ist zu erwarten, dass sich in
den nächsten Jahren und Jahrzehnten auch politisch einiges tun wird.
Erste sichtbare Schritte gehen die
EU und einzelne weitere Länder
weltweit, zum Beispiel mit Verboten
von Einwegplastikprodukten.
Die wissenschaftlichen Aussagen
deuten darauf hin, dass irgendwann
der Punkt kommt und allen klar ist,
dass Plastik zahlreiche Schadstoffe
enthält und im gesamten Lebenszy-
klus an Umwelt und Mensch abgibt.
Man wird einfach dafür sorgen müssen, dass diese schädlichen Stoffe
nicht mehr verwendet werden bzw.
nur noch unter bestimmten Bedin-
gungen verwendet werden dürfen.
Sehr plakativ ist das bereits aufge-

führte Beispiel von Asbest, wenn wir wenige Jahrzehnte zurückschauen: Asbestfasern haben durchaus gute Eigenschaften und wurden daher insbesondere ab den 60er Jahren gerne verbaut. Gleichzeitig sind sie unglaublich schädlich: Sie können, wenn sie in die Atemwege gelangen, dort Krebs erzeugen. Bis dieses wissenschaftlich fundierte Wissen jedoch in der Politik interessant wurde und der Einsatz von Asbest schließlich verboten wurde, vergingen Jahrzehnte. Zeit, in der viele einzelne Menschen gesundheitlich geschädigt wurden. Leider braucht es einfach seine Zeit – und bis die Politik soweit ist, müssen wir selbst Fürsorge und Selbstfürsorge leisten. Dabei hilft dir frei zugängliches Experten- und Expertinnenwissen, z. B. vom Bund für Umwelt- und Naturschutz Deutschland (BUND) oder anderen Verbänden und Institutionen, und natürlich auch dieses Buch. Es zeigt dir, wie du Plastik reduzierst, dich diesen potenziellen Gesundheitsgefahren weniger aussetzt.

Zum Glück gibt es schon Dinge zu berichten, die hoffen lassen: Zum Beispiel bei Bisphenol A (BPA) können wir sehen, dass das Thema Plastik auch in der Politik brodelt. Schon 2011 wurde der Verkauf von Babyfläschchen, die den Weichmacher BPA enthalten, in der EU verboten. Seit 2020 ist BPA auch bei Thermopapier (Kassenzettel, Parkscheine etc.) verboten. Du siehst, unser Gesetz durchläuft einfach eine Entwicklung und Anpassung. Plastik ist einfach ein relativ neues Produkt. Ein Staat braucht Jahre und Jahrzehnte, um zu reagieren. Und wer weiß, möglicherweise ist es auch durch die starke Kunststoffindustrie für den Staat schwierig zu reagieren?

Selbst beschichtete Pfannen stehen in der Kritik. Verzichte darauf oder halte zumindest die Oberfläche penibel frei von Kratzern.

Improvisieren oder neues Equipment zulegen. Hier eine Butterdose aus Keramik – denn einige Schadstoffe aus Kunststoff binden an Fett.

UNBEKANNTE STOFFE, UNGEWISSE RISIKEN

Ganz besonders schwierig ist der Mix aus Chemikalien, der sich in vielen Produkten aus Plastik findet. Der Grund dafür ist, dass viele einzelne Substanzen noch nicht richtig eingeschätzt werden können bezüglich der Frage, welche Gefahren sie mit sich bringen und wie schädlich sie tatsächlich sind. Es gibt durchaus Stoffe, die wenig oder keinen direkten gesundheitlichen Schaden anrichten. Eine große Herausforderung ist die Unklarheit. Und darum solltest du dich vor Plastik schützen. Es gibt viele unbekannte Stoffe, und daher auch viele ungewisse Risiken. Die Wissenschaftler und Wissenschaftlerinnen der Forschungsgruppe PlastiX untersuchten für ihre im September 2019 veröffentlichte

Studie verschiedene Gegenstände aus Plastik, wie Shampooflaschen, Joghurtbecher, Trinkflaschen. Sie fanden heraus, dass die Verpackungen jeweils aus verschiedensten Materialien bestehen und dass ganz unterschiedliche Substanzen enthalten sind. Viele unserer Alltagsgegenstände sind Chemie-Mixe. Drei Viertel der untersuchten Gegenstände enthielten Substanzen, die bei weiteren Versuchen im Labor zu Zellschädigungen führten.

Auch das Problem der Unklarheit über die verschiedenen Stoffe geht aus der Studie deutlich hervor: Von den mehr als 1.400 Chemikalien, die Forscher und Forscherinnen in den Gegenständen entdeckten, konnten nur 260 identifiziert werden. Selbst die Wissenschaft weiß also bei einem großen Teil der Subs-

tanzen noch gar nicht, womit wir es eigentlich zu tun haben. Deshalb können auch die Risiken und Gefahren in vielen Bereichen noch gar nicht eingeschätzt werden – in einigen Bereichen jedoch sehr wohl. Es gibt diverse Studien zu gesundheitlichen und ökologischen Auswirkungen, die klare Ergebnisse liefern, einschließlich der Studien der hier genannten Forschungsgruppe PlastiX.

Plastik vermeiden

Unser Fokus liegt im Moment auf unserem Zuhause und auf den Gegenständen, die wir im Alltag nutzen und mit denen wir uns umgeben. Dafür sind die Ergebnisse der genannten Forschungsgruppe ganz besonders bedeutend. Denn sie zeigen, dass Unklarheit herrscht und

daher die Gefahren, die von Plastik ausgehen, auch „nicht richtig" eingeschätzt werden können.
Du willst deine eigene Gesundheit schützen und die deiner Lieben. Und du willst der Umwelt Gutes tun. Wir gehen also auf Nummer sicher und vermeiden Plastik, wo immer es möglich ist.
„Wir wissen zum Großteil nicht, womit wir es in den Kunststoffprodukten zu tun haben. Und wenn wir die Chemikalien nicht kennen, können wir auch nicht bestimmen, ob sie sicher sind für Mensch und Umwelt", sagt Lisa Zimmermann, Forschungsgruppe PlastiX. Jedoch beobachteten ihr Team und sie deutlich negative Auswirkungen. Nur bei zwei von acht untersuchten Kunststoffen konnten sie Entwarnung geben.

Tschüss, Folie! Typischer Müll ist vermeidbar. Käse lässt sich wunderbar in Bienenwachstüchern oder Edelstahldosen transportieren und lagern.

Im Gespräch mit Carolin Völker

Carolin Völker ist Ökotoxikologin und Biologin. Als Leiterin einer interdisziplinären Forschungsgruppe zum Thema „Plastik in der Umwelt" beantwortet sie uns entscheidende Fragen zum Bereich „Plastik und Gesundheit". Carolin möchte unseren Blickwinkel verändern: Sie wünscht sich, dass wir die Natur als Teil von uns selbst begreifen und dementsprechend mit ihr umgehen.

Sind Chemikalien in Kunststoffen problematisch für die Gesundheit?

Kunststoffverpackungen sind nicht nur wegen der wachsenden Abfallmengen problematisch, sondern stehen auch immer wieder in Verbindung mit potenziell gesundheitsschädlichen Chemikalien. Da viele Alltagsprodukte wie z. B. Lebensmittelverpackungen aus Kunststoff sind, kommen Verbraucherinnen und Verbraucher auch mit den darin enthaltenen Chemikalien regelmäßig in Kontakt.

Welche Chemikalien sind in Kunststoffen enthalten?

Kunststoffen werden sogenannte Additive zugesetzt, um ihnen Eigenschaften wie Härte, Flexibilität oder Hitzebeständigkeit zu verleihen. Bekannte Additive sind Weichmacher wie Phthalate, Flammschutzmittel wie polybromierte Diphenylether, Antioxidantien wie Bisphenol A (BPA) und Butylhydroxytoluol (BHT), Farbstoffe wie Nonylphenol und antimikrobielle Wirkstoffe wie Triclosan. Neben diesen gezielt beigesetzten Chemikalien gelangen während der Plastikherstellung und -verarbeitung weitere Substanzen unbeabsichtigt in den Kunststoff. Diese umfassen Chemikalien, die zur Produktion benötigt werden sowie Reaktionsprodukte, welche während der Herstellung entstehen. Die im Kunststoff enthaltenen Chemikalien sind nicht fest an diesen gebunden und können z. B.

im Fall von Lebensmittelverpackungen in Nahrungsmittel übertreten. Es wird geschätzt, dass Zehntausende Substanzen von Materialien mit Lebensmittelkontakt migrieren (GROB et al. 2006).

Ist es gefährlich, aus Plastikverpackungen zu essen oder zu trinken?

Alle Verpackungen, welche in Kontakt mit Lebensmitteln kommen, unterliegen der Europäischen Rahmenrichtlinie für Plastikartikel und Artikel mit Lebensmittelkontakt (EU) No 10/2011. Nur Substanzen, welche in dieser aufgeführt sind, dürfen zur Herstellung von Kunststoffen mit Lebensmittelkontakt verwendet werden. Zudem dürfen die einzelnen Substanzen nur bis zu einer Menge, die als unbedenklich für die menschliche Gesundheit gilt, aus der Verpackung in den Inhalt übertreten. Chemikalien, die als bedenklich für die menschliche Gesundheit gelten, wurden komplett oder für einzelne Anwendungen verboten. Beispielsweise sind die meisten Phthalate, die von der europäischen Chemikalienagentur (ECHA) als schädigend für das Hormonsystem und die Fortpflanzung eingestuft wurden, in Babyartikeln verboten (EC 2004/781/EG). Auch ist der Gebrauch bromierter Flammschutzmittel, welche ein hohes Bioakkummulationspotenzial besitzen und teilweise mit dem Schilddrüsenhormonsystem interagieren, in der EU untersagt.

Allerdings können Stoffe, welche unbeabsichtigt und daher auch zumeist unerkannt im Kunststoffprodukt vorhanden sind, teilweise mit den derzeitigen Methoden nicht einmal identifiziert werden. Zudem werden meistens nur die Effekte einzelner Substanzen untersucht und nicht das Zusammenwirken der unzähligen Chemikalien, welche aus Kunststoffen austreten können (MUNCKE et al. 2017). Konsumentinnen und Konsumenten sind nicht akut gefährdet, wenn sie Lebensmittel aus Plastikverpackungen zu sich nehmen. Dafür ist die einmalige, allein von Verpackungen stammende Dosis viel zu gering. Durch regelmäßigen Verzehr aus Plastikverpackungen gelangen die darin enthaltenen Chemikalien allerdings ständig in den Körper. Langfristige gesundheitliche Auswirkungen sind schwer abschätzbar und lassen sich nicht eindeutig auf Nahrung aus Plastikverpackungen zurückführen.

Sollten wir Plastikverpackungen vermeiden?

Es schadet nicht, Plastik, wo immer möglich, zu vermeiden, um somit die Aufnahme von chemischen Substanzen zu verringern. So sollte man beim Einkauf auf frische und unverpackte Lebensmittel zurückzugreifen und Lebensmittel nicht in Kunststoffbehältern erhitzen, da Hitze das Übertreten der Chemikalien in das Lebensmittel beschleunigt. Zudem

kann man bestimmte Plastikmaterialien, denen gewöhnlich weniger Chemikalien beigesetzt werden, wie z. B. PET, gegenüber anderen bevorzugen. Andere Verpackungsalternativen wie etwa Papier oder Karton sind nicht unbedingt sicherer, denn auch hier können Chemikalien austreten.

Was kannst du uns mit auf den Weg geben?

Mich begeistern Menschen, die nicht vor großen Umweltproblemen kapitulieren, sondern im Kleinen versuchen, Dinge anzustoßen und zu verändern. Ich kann nur jeden ermuntern, einen Anfang zu finden!

Danke, Carolin, für das Interview!

Grob, K., Biedermann, M., Scherbaum, E., Roth, M., & Rieger, K. (2006). Food contamination with organic materials in perspective: packaging materials as the largest and least controlled source? A view focusing on the European situation. Critical reviews in food science and nutrition, 46(7), 529–535.

Muncke, J., Backhaus, T., Geueke, B., Maffini, M. V., Martin, O. V., Myers, J. P., ... & Scheringer, M. (2017). Scientific challenges in the risk assessment of food contact materials. Environmental Health Perspectives, 125(9), 095001.

Wie Schadstoffe aus Plastik in deinen Körper gelangen

Im Alltag wollen wir es uns nicht unnötig kompliziert machen. Wir wollen Klarheit und konkrete Ansagen. Die folgenden sechs Punkte zeigen dir, über welche Wege Plastik (beschleunigt) in deinen Körper gelangen kann und bieten dir eine leicht zu merkende Orientierung.

MECHANISCHER ABRIEB

Kunststoffbrettchen in der Küche: Du schneidest darauf mit einem Messer und schiebst mit der Klinge das Geschnittene in die Pfanne. Was passiert? Man verletzt die Oberfläche des Brettchens mit dem Messer, ganz leicht und fein. An der „verletzten" Stelle lösen sich Kunststoffpartikel, die mit dem geschnittenen Lebensmittel in die Mahlzeit und den Körper übergehen. Wir essen also Plastik mit. Dasselbe geschieht bei einem Holzbrettchen, ist aber kein Drama, weil kleinste Holzpartikel unserem Körper nicht schaden. Vorausgesetzt, es handelt sich um ein massives, also nicht verklebtes Holzbrettchen ohne Lackierung.

WÄRME UND HITZE

Plastik ist, wie im Begriff enthalten, etwas Plastisches, gut Verformbares. Durch Wärme und Hitze kann Kunststoff recht schnell weich werden. Im Vergleich zu beispielsweise Glas ist Plastik natürlich ein extrem hitzeempfindliches Material. Zwischen dem Schmelzpunkt von Glas und dem von Plastik liegen Welten.

Das heißt für unseren Alltag: Immer, wenn wir es mit Hitzeeinwirkung zu tun haben, oder mit einer über einen längeren Zeitraum erhöhten Temperatur, dann können wir davon ausgehen, dass abhängig von der Kunststoffsorte durch die Bewegung der Teilchen (denn genau das ist Hitze) Partikel aus dem Plastik gelöst werden und in den Raum oder Lebensmittel übergehen.

ZEIT

Je länger ein Kunststoff lebt, desto spröder wird er. Im Laufe der Zeit gibt er Stoffe und Partikel ab. Diesen Faktor solltest du unbedingt berücksichtigen. Extreme Beispiele aus meinem Leben: Zerbröseltes, zu Staubpartikeln zerfallendes Plastik begegnete mir in einer älteren Gitarrenhülle, an der Innenseite einer Goretex-Jacke und an einem Dämmstreifen an einer Altbautür.

FETT

Einige Bestandteile in Plastikprodukten sind fettlöslich, gehen in Fett über, binden an Fettmolekülen und wir nehmen sie darüber auf.

1

SÄURE

Säure ist chemisch gesehen etwas hoch Reaktives, sie hat enormes Potenzial, sie „will etwas tun" – so kann man es sich bildlich vorstellen. Säure, zum Beispiel in Essig oder Sprudelwasser, hat die Power, die Umgebung zu beeinflussen. Wenn die Umgebung der Säure ein Plastikprodukt ist, können über einen bestimmten Zeitraum durch die Säure aus dem Plastik bestimmte Stoffe gelöst werden, die wir dann wiederum zu uns nehmen oder in die Umwelt geben.

ALKOHOL

Wie Säure hat auch Alkohol chemisch gesehen großes Potenzial. Alkohol reagiert mit Substanzen aus der Umgebung. So kann er wie Säure zum Beispiel aus Plastikverpackungen Substanzen lösen und in unseren Körper oder die Umwelt weitergeben.

2

3

Statt Pflanzendrink in der Wegwerfverpackung: Einfach schnell selbst herstellen.

1. Mandelmus in wenig Wasser geben.

2. Minimal Salz zugeben und nach Geschmack süßen.

3. Eine Minute pürieren, erst am Schluss mehr Wasser einrühren.

Deine Aufgabe in Küche und Esszimmer

Du hast sechs Faktoren kennengelernt, durch die Plastik beschleunigt in deinen Körper aufgenommen werden kann. Auf ihnen baut auch die folgende Aufgabe für dich auf. Also, los geht's und ran an deine erste Herausforderung!

Hab Freude beim Zusammenstellen und trau dich, deine Lösungen zu entwickeln. Forme deine Küche und dein Esszimmer so weiter, dass du dich zukünftig darin noch wohler fühlst und schau, wie du dich noch gesünder ernähren kannst – ade, Schadstoffe aus Plastik. Gleichzeitig machst du eine Plus-Minus-Analyse für Küche und Esszimmer und überträgst die wichtigsten Gedanken daraus in deine individuelle Checkliste.

BEISPIELE AUS DEINER KÜCHE

Nimm dir die sechs Faktoren zur Hand und finde für jeden davon zwei bis drei Beispiele in deiner eigenen Küche. Das ist eine Suchen-und-Finden-Aufgabe. Notiere die entdeckten Dinge in dieser Tabelle.

Faktoren	Beispiele aus deiner Küche
1 Mechanischer Abrieb	
2 Mechanischer Abrieb	
3 Mechanischer Abrieb	
1 Wärme und Hitze	
2 Wärme und Hitze	
3 Wärme und Hitze	
1 Zeit	
2 Zeit	
3 Zeit	
1 Fett	
2 Fett	
3 Fett	
1 Säure	
2 Säure	
3 Säure	
1 Alkohol	
2 Alkohol	
3 Alkohol	

Anschließend notierst du die für dich wichtigsten Erkenntnisse zu den sechs Faktoren in deine individuelle Checkliste für Küche und Esszimmer. Hier fügst du außerdem ein, was dir aus der Aufstellung meiner persönlichen Must-haves (nächste Doppelseite) in Küche und Esszimmer gefällt und was du gerne ausprobieren möchtest.

1. Reinemachen an der Spüle, z.B. mit Bürsten und Tüchern aus wasch- und kompostierbarer Naturfaser.

2. Die EU verordnet eine Reduzierung von Wegwerfplastik. Alternativen für zu Hause und unterwegs existieren längst.

INDIVIDUELLE CHECKLISTE

	Was möchtest du dir zulegen?	Welcher Faktor trifft zu? Warum gefällt dir das Produkt?
☐		
☐		
☐		
☐		
☐		
☐		
☐		
☐		
☐		
☐		

1

2

Inspirationen zu deiner Aufgabe

Alle stehen auf vorgefertigte Checklisten – ich auch manchmal. Nur leider sind sie unsinnig, wenn man echte Veränderung im eigenen Leben erreichen will. Warum? Jeder Mensch ist anders. Unsere Bedürfnisse, Vorstellungen und Lebensstile sind vielfältig und bunt.

INDIVIDUELLE LÖSUNGEN

Wenn wir dafür sorgen wollen, dass es uns gut geht, müssen wir also individuell Lösungen entwickeln. Die für dich perfekte Checkliste kannst nur du selbst erstellen. Dafür gebe ich dir einerseits gerne Tipps aus meiner persönlichen Erfahrung und aus der Arbeit mit Kund*innen und Follower*innen. Andererseits trägst du die Ergebnisse zu den Aufgaben ein.

Deine individuelle Checkliste ist dein roter Faden: Sie zeigt dir deine nächsten Schritte durch Küche und Esszimmer. Sie ist gleichzeitig eine Besorgungs- oder Anschaffungsliste. Du musst nicht alles neu kaufen! Lass dir Zeit. Wie in deinem Haushalt gibt es auch anderswo viele Dinge, die kaum genutzt werden. Sie warten nur darauf,

Kleine Schritte, große Wirkung: Vorrat statt Wegwerftütchen.

MUST-HAVES ALS INSPIRATIONEN

☐	Schneidebrettchen aus Vollholz, ohne Verklebung	Faktor: mechanischer Abrieb // mechanischer Abrieb ist unbedenklich, im Gegensatz zu Mikroplastik; überleben sogar die Spülmaschine (unsere seit über 10 Jahren)
☐	Kochlöffel und Schaber aus Olivenholz	Faktor: Hitze // wunderschöne Maserung, einfach zu pflegen mit einem Tropfen Olivenöl
☐	Schöpfkelle aus Edelstahl	Faktor: Hitze
☐	Weck-Gläser mit Glasdeckel	Faktor: Zeit, Hitze // zum Aufbewahren von Resten, statt Plastikdose oder Frischhaltefolie; zum Einfrieren (nicht ganz voll machen!), zum Mitnehmen von Essen für unterwegs
☐	Weck-Weithals-Glasflasche 1 Liter	Faktor: Hitze, Zeit // sowohl für sommerlichen Eistee oder normales Leitungswasser als auch für den direkten Tee-Aufguss im Winter, hitzebeständig, langlebig
☐	große Schale aus Glas, Keramik, Edelstahl oder unlackiertem Holz	Faktor: Zeit, Hitze, Säure // ersetzt Kunststoffschüsseln, für Salat, zum Anrichten von Beilagen etc.
☐	Töpfe/Pfannen ohne Beschichtung	Faktor: Hitze, mechanischer Abrieb // ersetzt Töpfe/Pfannen mit Kunststoff-Beschichtung (Teflon!); möglichst Vieles in unbeschichteten Töpfen zubereiten
☐	Backform aus Emaille	Faktor: Hitze, mechanischer Abrieb // Emaille hat eine Glasschicht als Oberfläche; mein Favorit ist die Herstellerfirma Riess (Öko Bonus: „CO_2-neutral und aus natürlichen Materialien, mit Ökostrom aus eigener Wasserkraft, umweltschonend in Österreich produziert.")
☐	Zitruspresse aus Holz	Faktor: Säure, mechanischer Abrieb
☐	Nudelsieb aus Edelstahl	Faktor: Hitze
☐	Baumwolltuch, selbst gehäkeltes Spültuch aus Sisal, Kokosfaserbürste, Spätzleschaber	Faktor: mechanischer Abrieb // ersetzen Spültuch, Spülschwamm, Topfkratzer; waschbar in der Waschmaschine, kompostierbar
☐	Öko-Scheuermilch oder nach DIY-Rezept	ersetzt Scheuermilch mit Mikroplastik

für genau dich da zu sein. Schöne Schätzchen findest du im Familien- und Freundeskreis, in gepflegten Secondhandläden oder auf Märkten. Die Ideen in dieser Liste sollen dir Inspiration sein, ohne dass du dich genau darauf versteifst. Feel free! Streiche weg, passe an, ergänze. Und übertrage die für dich wichtigsten Punkte in deine individuelle Checkliste.

SCHLAFZIMMER UND ANKLEIDE

PLASTIK IM BETT?

Durch Textilien und Möbel umgeben wir uns mit mehr
Plastik und verursachen mehr Müll, als uns bewusst ist.

———

Voller Schrank und trotzdem nichts zum Anziehen?

Auch Kleidung landet im Müll. Die Kleidungsstücke sind Ressourcen im Dornröschenschlaf. Nach Jahren oder Jahrzehnten werden die Teile dann doch den Schrank verlassen – in Richtung Müll oder Kleiderspende. Gib deine ungenutzten Teile lieber früher frei und schenk ihnen ein zweites Leben.

MÜLL IM SCHLAFZIMMER?

Im Alltag produzieren wir hier eher wenig Abfall. Über die Jahre gesehen summiert sich allerdings leider trotzdem ein ansehnlicher Müllberg, den wir entsorgen. Meist geschieht das punktuell mit großen Dingen wie Matratzen, Bettgestellen mit Lattenrosten, Schränken oder anderen Möbeln aus Pressspan mit Kunststoffoberfläche oder Massivholz mit Lackierung.

Müll, den wir unbewusst einatmen

Mikroplastik in der Atemluft? Ja, selbst unser Hausstaub ist belastet mit Kunststoffpartikeln und Schadstoffen aus Plastik. Es sammeln sich Fusseln von z. B. Polyester-Decken, Fasern aus synthetischer Kleidung und Abrieb von Kunststoffgegenständen in deinem Hausstaub. Vielleicht pustet dein Wäschetrockner Mikroplastik in die Raumluft, wenn du darin Kunstfaserkleidung trocknest.
In diesem Kapitel geht's vor allem um Textilien. Du lernst, welche Fasern du zukünftig am besten gar nicht mehr in deine Garderobe aufnimmst. Du erfährst, worauf du achten solltest, um deine Gesundheit und die Umwelt zu schützen. Du findest Wege, im Hausstaub Partikel und Schadstoffe aus Plastik zu minimieren.

Was wir der Umwelt antun, tun wir uns selbst an: Über die Kreisläufe auf unserer Erde wandert Mikroplastik –einmal freigesetzt– über Luft oder Nahrung in unser aller Leben hinein. Wir profitieren also alle gemeinsam davon, wenn du und viele andere Menschen in ihrem Alltag Plastik reduzieren.

MIKROPLASTIK

Mikroplastik-Teilchen sind kleiner als fünf Millimeter, also zum Teil noch sichtbar. Allein in Deutschland werden jährlich rund 330.000 Tonnen Mikroplastik in die Umwelt freigesetzt. Größter Anteil: der Reifenabrieb. Wissenschaftler und Wissenschaftlerinnen des Fraunhofer-Instituts schätzten diesen Anteil auf rund ein Drittel.

AUF DER HAUT

Kaum etwas ist dir so nahe wie deine Kleidung. Achtsames
Auswählen der Materialien tut Körper und Seele gut.

—

Textilfaserkunde –
Was trägst du auf der Haut?

Wie viel Plastik wollen wir auf der Haut tragen? Wie viel Mikroplastik wollen wir ins Abwasser schwemmen und in die Welt bringen? Wie viel Müll wollen wir produzieren mit den Textilien, die wir zu Hause haben? Und welche Art von Müll ist in Ordnung für uns?

GENAU HINSCHAUEN

Im Idealfall bestehen deine Kleidungsstücke und andere textile Gegenstände aus Fasern, die sich kompostieren lassen. Stell dir vor, du kannst abgetragene Kleidung einfach auf den Gartenkompost legen! Wie genial wäre das denn?

Schau ab jetzt immer aufs Etikett, wenn du dir neue Kleidung aussuchst. Nicht wegen der Marke. Sondern um zu wissen, aus welchen Fasern deine zukünftige Kleidung besteht – und um dieses Wissen für deine Kaufentscheidung zu nutzen. Kleidung, Schuhe, manche Accessoires, Kissenbezüge und -füllungen, Deckenbezüge und -füllungen, die verschiedenen Schichten von Matratzen, Sofabezüge und Sofakern, Sofadecken und -kissen, Teppiche und Läufer, Vorhänge, Spül- und Küchentücher, Putzlappen: Woraus bestehen all diese Dinge? Keine Sorge, du musst nicht Textilfaserexperte oder -expertin werden. Du findest heraus, ob du mit deinem jetzigen Bestand zu Hause zufrieden bist. Bei Neuanschaffungen hast du eine Orientierung, ob diese deinen Ansprüchen gerecht werden.

NATÜRLICHE UND SYNTHETISCHE FASERN

Zunächst unterscheiden wir zwischen natürlichen und synthetisch hergestellten Fasern. Sie haben jeweils unterschiedliche Eigenschaften und werden teilweise auch kombiniert. So bestehen viele Kleidungsstücke, aber auch Sofabezüge etc. aus Mischgewebe. Vorteil dabei: Positive Eigenschaften der verschiedenen Fasern können sich ergänzen. Jedoch besteht das Problem darin, dass einerseits die Produktion und Nutzung bestimmter Fasern kritisch zu bewerten ist, andererseits keine zufriedenstellende Entsorgung möglich ist.

Um weniger Müll zu produzieren, müssen wir uns unsere Kleidung und die anderen Textilien in unserem Zuhause genau anschauen. Im Durchschnitt kauft eine Person in Deutschland pro Jahr 60 neue Kleidungsstücke. Wir tragen oder horten sie dann gerne in unseren Schränken und werfen sie nicht sofort wieder weg. Außerdem landen durch die große Spendenfreude der Deutschen fast drei Viertel der gebrauchten Klamotten bei Textilverwertern.

ENTSORGUNG

= Ent-Sorgung, sprich: sich von Sorgen befreien
– Bei Müll ist das leider nicht möglich.

1

2

1. Freier werden! Ausmisten erleichtert.

2. Aber wohin mit den
aussortierten Sachen?
Schau mal unter:
laboratorium-nach-
haltigkeit.de/so-wirst-
du-deinen-kram-los.

MODE MACHT MÜLL

Kleidungsmüll fällt in rauen Mengen an: Nicht verkaufte Kleidungsstücke einer Kollektion werden aus-
sortiert und nicht wieder ins
Sortiment aufgenommen. Der welt-
weite Handel mit Secondhand-Klei-
dung ist übersättigt. Viele Länder
verbieten den Import gebrauchter
Kleidung. Außerdem findet kaum
Faser-zu-Faser-Recycling statt. Aus
alter Kleidung wird also so gut wie
nie neue Kleidung hergestellt. Das
wäre zu teuer, außerdem ist die
Qualität des Ausgangsmaterials zu
schlecht: billiges Polyester, Mischgewebe und schwer zu definierende
Fasern. Greenpeace spricht vom

Recycling-Mythos und belegt diesen
in der Broschüre „Konsumkollaps
durch Fast Fashion" mit plausiblen
und erschreckenden Zahlen. Letzt-
endlich wird jedes Kleidungsstück
irgendwann produziert, evtl. getragen und kommt –früher oder später– ans Ende seiner Lebensdauer.
Nachhaltigkeit bei Kleidung bedeu-
tet etwas anderes: eine lange Lebensdauer, hohe Qualität, Reparier-
barkeit, keine Verwendung von
Schadstoffen und ein geringer Ener-
gie- und Wasserverbrauch im Herstellungsprozess. Ganz am Schluss
sollten keine schädlichen Stoffe übrig bleiben und idealerweise ein
Kreislauf geschlossen werden.

NATURFASERN

Mit Naturfaser haben wir die Chance, unsere nicht mehr benötigten Kleidungsstücke guten Gewissens zu entsorgen. Dafür sollten wir reine Naturfaserprodukte kaufen, also auf Mischgewebe verzichten, und auf kontrolliert biologische Herstellung (kbA, kbT) und gute Ökosiegel achten.

Baumwolle

Baumwolle ist die am häufigsten genutzte Naturfaser und macht fast die Hälfte aller Textilfasern aus, die für Kleidung in der EU verwendet werden. Die Anbauflächen befinden sich vor allem in China, Indien, den USA und Brasilien. Die Produktionsschritte bis zum fertigen Kleidungsstück finden überwiegend außerhalb Deutschlands statt. Baumwollstoffe haben den Vorteil, dass sie reiß- und scheuerfest sind und sehr gute Wascheigenschaften haben. Wichtig ist, nur Bio-Baumwolle zu kaufen, die mindestens mit „kbA" (kontrolliert biologischer Anbau) am Etikett ausgezeichnet ist.

Problematisch ist nämlich der Anbau von konventioneller Baumwolle: Hier handelt es sich meist um Monokulturen, also riesige Flächen, die häufig stark bewässert, intensiv mit Pestiziden und Düngemitteln behandelt werden. Durch die Bewässerung von landwirtschaftlichen Flächen, darunter viele Baumwollplantagen, trocknete beispielsweise der Aralsee so sehr aus, dass er heute um 70 Prozent kleiner ist als 1960. Auch in späteren Verarbeitungsschritten werden Schadstoffe zugesetzt, die den Stoff zum Beispiel pflegeleichter machen (Stichwort

WAS DEIN TROCKNER DIR VERRATEN KANN

Zwar sind Wäschetrockner in der Öko-Szene verpönt wie der Urlaubsflug auf die Malediven, laut Statistik steht jedoch einer in fast jedem zweiten deutsche Haushalt. Bei dir auch? Bevor wir gleich eintauchen in die Textilfaserkunde, nutzen wir deinen Trockner für eine praktische Erkenntnis.

Bei jedem Trockengang lösen sich Fasern aus den Textilien, die vom Flusensieb des Trockners aufgefangen werden. Überlege dir beim Entfernen der Flusen vom Sieb: Was ist hier drin, woraus besteht das, was ich hier so weich vom Flusensieb streiche? Lass uns die Frage noch überspitzen: Könntest du dir vorstellen, diese Fasern zu essen? Genau wie beim Schneidebrettchen in der Küche hast du bei deiner Kleidung die Wahl, ob du dich für Naturmaterialen oder Plastik entscheidest. Nicht nur im Trockner, auch beim Tragen von Kleidung, beim Ausschütteln von Bettwäsche und beim Sitzen auf dem Sofa lösen sich Fasern. Mit welcher Art von Fasern fühlst du dich wohler, mit welcher eher nicht?

Nimm die Fragen mit in deinen Alltag und lass die Antworten wirken. Du wirst sehen: Dein Verständnis von Textilien verändert sich und du wirst langfristig bessere Entscheidungen treffen.

1. Baumwolle Naturfaser Nummer eins am Markt. Zur Vermeidung pestizidbelasteter Monokultur nur „kbA" kaufen.

2. Lein oder Flachs, eine historische Kulturpflanze, aus deren Fasern Textilien hergestellt werden.

3. Seidenraupen Aus zirka 3.000 Kokons entstehen 250 Gramm Seidenfaden.

bügelfrei) oder vor Insektenbefall schützen, leider aber gesundheitsgefährdend und umweltschädlich sein können.

Leinen, Hanf und Ramie

Das sind weitere Pflanzenfasern. Auf dem Weltmarkt machen sie nur einen sehr kleinen Teil der Textilfasern aus. Vielleicht perfekt für dich?

Tierische Fasern

Dazu gehört einerseits ausgekämmtes **Haar** von Kamelen oder der Kaschmirziege; andererseits **Schafwolle**. Zur Gewinnung der Wolle werden die Tiere geschoren. Kritisch sind tierethische Aspekte und auch die Belastung konventioneller Wolle mit Schadstoffen. Wer Schafwollprodukte kauft, sollte daher mindestens auf kontrolliert biologische Tierhaltung (kbT) achten und –noch besser– kbT-Wolle aus heimischer Produktion wählen. Wolle wärmt angenehm, reguliert wunderbar Feuchtigkeit, absorbiert Gerüche und sogar einige Schadstoffe.

Eine weitere tierische Faser ist die **Seide** oder **Wildseide**, die durch Abkochen und Abwickeln der Kokons von Seidenraupen gewonnen werden.

Ausgangsmaterial Holz

Zu den Naturfasern könnten auch eigentliche Kunstfasern gezählt werden, deren Ausgangsmaterial Holz ist. Dabei handelt es sich um **Viskose**, bekannt unter den Begriffen **Tencel** oder **Modal**. Meist sind es zarte Stoffe, die ähnlich wie Seide wirken und auch so fallen. Hinsichtlich der Nachhaltigkeit sind Viskose-Produkte allerdings schwierig, wenn man betrachtet, wie energieintensiv, aufwendig und chemiebelastet ihre Herstellung ist.

KUNSTFASERN

Der Anteil an Plastik bei unseren Kleidungsstücken und anderen Textilien ist enorm hoch: Rund zwei Drittel aller Textilfasern auf dem Weltmarkt sind Kunstfasern und auch zirka 60 Prozent unserer Kleidung enthält **Polyester**. Kunstfasern werden unterschieden in **synthetische** oder **zellulosische Kunstfasern**. Während die zellulosische Gruppe aus Zellulose, also Holz (s. o.), gewonnen wird, stammen die synthetischen Fasern aus nicht nachwachsenden Rohstoffen, also Erdöl, Kohle oder Erdgas. Wenn am Etikett die Materialbezeichnung mit „Poly..." beginnt, also **Polyester**, **Polyamid** oder **Polyacryl**, handelt es sich um eine synthetische Faser. **Elasthan** zählt ebenso dazu.

Kennst du das, wenn du etwas anfasst und dabei einen kleinen „Schlag" bekommst? Diese elektrostatische Entladung stammt möglicherweise daher, dass du Polyester-Kleidung trägst, da sich Polyester sehr leicht elektrostatisch auflädt. Um das

Naturfaser bei Bettwaren: Starte zum Beispiel mit einer Schurwolldecke aus heimischer, kontrolliert biologischer Tierhaltung (kbT).

zu verhindern, setzen manche Hersteller entsprechende Zusatzstoffe ein. Ob diese jedoch unbedenklich sind für Gesundheit und Umwelt, ist die nächste, offene Frage. Wie man's macht, ist's nix, oder? Ganz schön schwierig.

Bei zellulosischen und neueren Kunstfasern, zum Beispiel auf Mais-Basis, solltest du genau hinschauen: Stammt der Rohstoff, also Mais, aus Bio-Anbau? Meistens leider nicht, und dann schadet bereits der Anbau des Rohstoffs unserer Umwelt, indem in Monokulturen große Mengen (Kunst)Dünger und Pestizide eingesetzt werden.

DARAUF SOLLTEST DU ACHTEN

Großer Nachteil aller Textilien aus synthetischer Kunstfaser: Du kannst sie nicht auf den Komposthaufen oder in die Biotonne werfen. Sie würden sich dort zu Mikroplastik zerkleinern und wären dann bis lange über deine Lebenszeit hinaus in deinem Garten und anderswo unterwegs. Greife also – wo immer möglich – auf Naturfaser zurück, wenn du Müll vermeiden und Plastik reduzieren willst.

Das Wichtigste aber: Viele Kleidungsstücke wirst du wegwerfen, wenn sie dir nicht gefallen oder du dich unwohl damit fühlst. Setz dir zum Ziel, nur noch echte Lieblingskleidung im Schrank zu haben. Damit wirst du ein neues Level erreichen, automatisch weniger Müll produzieren und mit Freude die Türen deines Schranks öffnen. Das ist Lebensqualität und Nachhaltigkeit in einem.

Konsumiere bewusst

Kaufe zurückhaltend und in Ruhe neue Kleidung ein. Gönn dir genau das, was sich tief im Herzen richtig anfühlt – das sind meist nur ganz wenige Dinge! Vermeide es, in das negative Gefühl von Verzicht zu versinken. Damit belastest du dich jetzt und langfristig. Stattdessen erinnere dich immer wieder daran, wie schön es ist Kleidung zu tragen, die dir unglaublich gut gefällt, die dich lächeln lässt. Da willst du hin.

Finde Wege, an für dich schöne, gebrauchte Kleidung zu kommen. Denn es gibt schon so viel tolle Kleidung auf der Welt – auch in den Kleiderschränken deiner Freundinnen. Tauscht aus, was ihr selbst nicht nutzt, beschenkt euch gegenseitig, leiht euch Kleidung für besondere Anlässe aus. Sei neugierig und besuche Kleidertauschbörsen und Secondhandläden mit höherem Standard.

1. Schon beim Shopping an Nutzungszeit und Entsorgung denken. Entsteht Mikroplastik?

2. Viel Auswahl, viel Potenzial: Scanne deinen Kleiderschrank.

1

2

Am Beispiel der Kleidung können wir sehen, wie wertvoll es ist, die richtigen Dinge um uns zu haben. Du willst keine Kleidung tragen, die dir ein schlechtes Gewissen macht. Du willst dich wohlfühlen damit und glücklich sein.

Durch deine Entscheidungen beim Einkaufen bestimmst du die Nachfrage am Markt. Mit deinem Geld unterstützt du Gutes – oder Schlechtes. Triff deine Entscheidungen so, dass du voll dahinterstehst.

Wenn du dir unsicher bist, ob du ein bestimmtes Kleidungsstück neu in deinen Kleiderschrank aufnehmen sollst, lass es erst mal sein – selbst, wenn es ein Öko-Teil ist. Es wäre schade um den Ressourcen- und Energieverbrauch, wenn das Kleidungsstück später hinten im Schrank oder unten im Klamottenstapel ungenutzt vor sich hinschlummert.

Prüfe, was du kaufst

Was Müll und Plastik angeht, behalten wir vor allem die synthetischen Fasern im Blick. Schau vor jedem Einkauf aufs Etikett und überlege – wenn Synthetik– ob du das wirklich, wirklich kaufen willst. Dem idealen Ziel, alte Kleidung auf den Komposthaufen geben zu können, kommst du nur dann näher, wenn du hier und jetzt beim Einkauf im Kleiderladen die richtige Entscheidung triffst. Es ist möglich, dieses Ideal zu erreichen! Nebenbei tust du deiner Gesundheit und der Umwelt einen großen Gefallen.

Der Gedanke mit der Kleidung auf dem Komposthaufen im eigenen Garten trifft für viele Teile übrigens nicht direkt zu: Die meiste Kleidung, die wir aussortieren, kann durchaus noch weiter getragen oder umgenutzt werden. Sie zu kompostieren wäre schade! Was du selbst nicht mehr anziehst, findet in der Verwandtschaft oder im Freundeskreis, im Verein oder auch als Spende bei Sozial-kaufhäusern und auf Verschenk-märkten neue Nutzer und Nutzer-innen.

Schau nach diesen Siegeln

Auf welche Zertifizierungen kannst du bei Kleidung achten? Welche Öko-Siegel sind gut? Dieser Über-blick hat zwar nur am Rande mit Zero Waste zu tun, hilft dir aber, dich im Dschungel der Möglichkei-ten zurechtzufinden. Außerdem enthält öko-zertifizierte Kleidung häufig gar keine oder einen weitaus geringeren Anteil an synthetischen Fasern als Fast Fashion. Ihr Naturfa-seranteil ist deutlich größer, manche Stücke bestehen zu 100 Prozent aus nachwachsenden Rohstoffen. Da-durch rückt das Ideal der Kompos-tierbarkeit in greifbare Nähe, du trägst zur Reduzierung von Mikro-plastik bei und unterstützt zahlrei-che weitere positive Punkte im ge-samten Entstehungsprozess deiner Kleidung.

Empfehlenswert sind derzeit vor allem die beiden Siegel auf der nächsten Seite.

Bei der Materialangabe im Etikett solltest du hinter dem eigentlichen Begriff außerdem eine Klammer entdecken, zum Beispiel

— Baumwolle (kbA), also Baum-wolle aus kontrolliert biologi-schem Anbau

— Schurwolle (kbT), also Wolle aus kontrolliert biologischer Tier-haltung

Auf manchen Etiketten wird statt der Abkürzung auch die ausge-schriebene Version verwendet.

Ein Blick aufs Etikett hilft dir, Kleidung ohne Plastikfasern und mit Öko-Siegel zu kaufen.

1. GOTS-Siegel

2. Hinweis „aus kontrolliert biologi-schem Anbau"

3. 15 Prozent Synthetik, also mit Plastikanteil

1

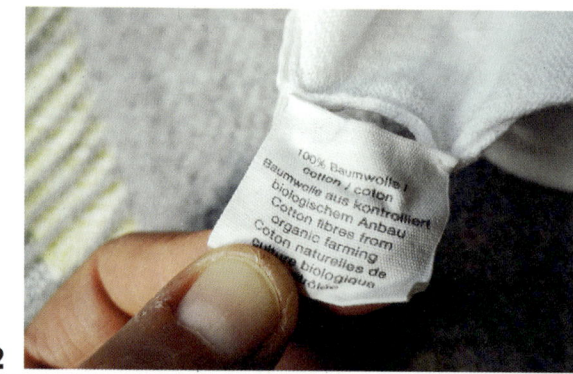

2

3

Global Organic Textile Standard
(GOTS)

NATURTEXTIL BEST

Das ist das Mindeste, was wir tun können für die Welt, wenn wir neue Kleidung kaufen. Ökokleidung sieht zum Glück inzwischen nicht mehr „typisch öko" aus, für jeden Geschmack ist das Passende dabei.

BEHALTE, WAS DICH GLÜCKLICH MACHT

Der Hype um die Japanerin Marie Kondo ist zwar abgeflacht, trotzdem lohnt sich die Beschäftigung mit ihrem Ansatz sehr. Kondo hat erkannt, dass es im Leben darum geht, tief zufrieden zu sein, und dass wir Dinge tun, die uns wirklich etwas bedeuten. Die wichtigste Frage: „Does it spark joy?" – „Löst das in mir Freude aus? Macht mich das glücklich?"
Genau diese Frage empfiehlt Kondo als Leitfaden allen, die ihr Zuhause zu einem schöneren Ort machen wollen. Auch aus Nachhaltigkeitsgründen ist das sinnvoll, denn wir packen unser Zuhause mit Dingen voll, die uns eigentlich zu viel sind. Auch dieser Ballast kostet Ressour-

cen und Energie, verursacht Müll und besteht eventuell aus Plastik. Der Kleiderschrank ist nach der Kondo-Methode der erste Schritt im Ausmistprozess: „Behalte, was dich glücklich macht."
Schwachpunkt der Methode ist der enorme Müllberg, den Kondo ganz bewusst wachsen lässt. Alles Ausgemistete auftürmen, in Müllsäcke stecken und dann –schwupps!– weg damit. Sie zielt darauf ab, dass wir deutlich sehen und erleben, wie viel „Zuviel" wir haben. Und wie stolz wir sein können, dass wir uns von all diesen Dingen befreien. Der Gedanke ist gut, der Müllberg und die Ressourcenverschwendung nicht. Statt alles Aussortierte in den Müll zu kloppen, dürfen wir noch Brauchbares in die Hände von Menschen geben, die etwas damit anzufangen wissen und die Gegenstände wertschätzen.
Nimm die Frage „Does it spark joy?" für dich mit und nutze deine spontanen Antworten darauf als Entscheidungshilfe.

Läden und Online-shops empfehle ich dir unter laboratorium-nachhaltigkeit.de/kleidung

Deine Aufgabe in Sachen Kleidung

Glückwunsch, du bist schon weit gekommen! Nimm dir nun deine Kleidung zur Hand, inklusive aller Jacken, Schals, Schuhe, Sportkleidung und was du sonst noch besitzt. Und los geht's!

KLEIDERSTAPEL

Bilde zunächst drei Stapel mit Kleidungsstücken aus den verschiedenen Materialien:

— Kleidung, bei der du dir gut vorstellen kannst, dass sie kompostiert werden kann. Dazu gehören Naturfasern, am besten ökozertifiziert mit hohem Standard.
— Reine Plastikprodukte, also mit 100 Prozent Synthetikfasern
— Mischfasern

Die Aufgabe erfordert ein wenig Zeit und Ruhe, ist aber enorm aufschlussreich für dich. Du siehst deutlich, wie groß die Stapel sind in den drei Kategorien. Ziel der nächsten Jahre sollte sein, das Größenverhältnis der Stapel so zu verändern, dass derjenige mit Kleidung aus potenziell kompostierbarem Material der höchste Stapel ist.

Sinnvoller nächster Schritt: In Richtung Capsule Wardrobe denken.

Die beiden anderen Stapel dürfen gerne auch ganz verschwinden.

Realistischerweise wirst du beim Mischfaser-Stapel das eine oder andere Teil in deiner Garderobe behalten, eventuell sogar neu kaufen. Denn gerade bei Schuhen, Jacken und Unterwäsche gibt es am Markt bislang kaum reine Naturfaserlösungen.

Langfristig sorgst du so für große Veränderung: Du produzierst weniger Mikroplastik, verursachst weniger schädlichen Müll, reduzierst Schadstoffe im gesamten Herstellungsprozess von Kleidung und schenkst dir selbst ein gutes Gewissen. Erinnere dich außerdem an die Trockner-Frage aus diesem Kapitel: Würdest du die im Flusensieb gesammelten Fasern mit halbwegs gutem Gefühl essen können? Welche weiteren Textilien hast du zu Hause und woraus bestehen sie? Denk an die verschiedenen Lagen deines Bettes, Teppiche, Vorhänge oder Möbel wie dein Sofa. Und beim nächsten Einkauf fragst du dich: „Does it spark joy?"

DREI KLEIDERSTAPEL

kompostierbare Kleidung	
Kleidung aus synthetischen Fasern	
Mischgewebe	
PLUS die Trockner-Frage: Welche Fasern von deiner eigenen Kleidung und anderen Textilien könntest du guten Gewissens essen?	

Deine individuelle Checkliste und Inspirationen

Jetzt überträgst du die für dich wichtigsten Punkte in deine individuelle Checkliste zu Schlafzimmer und Ankleide. Hier fügst du außerdem ein, was dir aus der Aufstellung meiner persönlichen Must-haves gefällt und was du gerne ausprobieren möchtest.

MUST-HAVES UND NO-GOS FÜR SCHLAFZIMMER UND ANKLEIDE

Meine Ideen sollen dir Inspiration sein! Geht es dir genauso oder hast du andere Bekleidungssünden im Schrank? Was sind deine Lieblingsstücke, was ist dir wichtig für den nächsten nachhaltigen Shopping-Trip? Finde neue Anlaufstellen für Kleidung.

Hast du einen neuen Lieblingsshop entdeckt, der zertifizierte Kleidung herstellt, die dir richtig gut gefällt? Möchtest du in Zukunft dort einkaufen? Notiere den Shop für später:

1. _____

2. _____

3. _____

INDIVIDUELLE CHECKLISTE

Welche Must-haves gibt es bei deiner Kleidung? Was möchtest du dir zulegen?	No-gos: Was möchtest du abgeben, oder nicht wieder kaufen?
☐	
☐	
☐	
☐	
☐	
☐	
☐	
☐	
☐	
☐	
☐	

Weniger ist mehr. Lieblingsstücke statt ungenutztes Sammelsurium.

MUST-HAVES ALS INSPIRATIONEN

☐	Lieblingskleidung	..., die du wirklich trägst
☐	Capsule Wardrobe	Lieblingskleidung, die perfekt zu dir passt, die aus wenigen Teilen besteht und die sich untereinander gut kombinieren lässt
☐	Kompostierbares	Bevorzuge Kleidung und andere Textilien, die sich nach Ende der Nutzungszeit guten Gewissens kompostieren lassen. Schau dafür zukünftig aufs Etikett, wenn du dir Neues zulegst: Aus welchen Fasern ist das gute Stück gemacht? (Wie) ist es zertifiziert?
☐	Fleece aus Synthetik: ein echtes No-go!	In Fleece-Stoffen sind die einzelnen Fasern besonders locker verbunden. Sie lösen sich leicht und landen z. B. im Hausstaub. Das willst du nicht einatmen! (Wo) nutzt du Fleece-Stoffe in deiner Kleidung, im Schlafzimmer oder in der Wohnung?
☐	Wirklich warm im Winter	... hält am allerbesten Schafwolle. Lege dir ein gutes, GOTS- / Naturtextil-Best- / kbT-zertifiziertes Lieblings-Schafwoll-Oberteil zu, und du wirst dir viele Synthetik- und Mischfaser-Oberteile zukünftig sparen können.
☐	Socken	... von derselben Art und Farbe: So suchst du nie wieder nach der passenden, zweiten Socke, und wirst, wenn du ein Loch entdeckst, zukünftig nur noch eine Socke statt zwei wegwerfen. Vorsicht bei Wollsocken: Diese bestehen leider meist aus einer Synthetik-Schafwolle-Mischung! Besser wäre 100 % Schafwolle (weil kompostierbar, plastikfrei und es landen keine schädlichen Plastikfasern im Hausstaub und im Waschwasser).
☐	Matratzen, Bettzeug & Co.	... bestehen heute leider meist zu 100 % aus Synthetik. Wie viele Stunden, Tage, Jahre deines Lebens verbringst du im Bett? Bei der nächsten Neuanschaffung solltest du dich ganz bewusst für weniger Synthetik entscheiden, deiner Gesundheit und der Umwelt zuliebe.

BABY UND KIND

MATERIALIEN IM KINDERZIMMER

Woraus bestehen die Gegenstände? Denke weit: von den Spielsachen
über Kleidung und Möbel bis hin zu Wandfarbe und Bodenbelag.

Zero Waste mit Nachwuchs

„Was ist das für eine Welt, die wir unseren Kindern hinterlassen?" – Diese rhetorische Frage bekomme ich immer wieder zu hören. Gerade wir Eltern sind sensibel für Nachhaltigkeitsthemen, denn wir spüren, dass vieles falsch läuft. Dabei wünschen wir uns aus ganzem Herzen eine gute Zukunft für unsere Kinder und alle nachkommenden Generationen.

Auch der Blick auf die globalen Zusammenhänge verändert sich oft, wenn erst mal Kinder da sind – davon erzählen mir Kundinnen und Kunden und Follower und Followerinnen immer wieder aus eigener Erfahrung. Plötzlich erlebt man eine ganz neue Form von Liebe – dem eigenen Kind gegenüber. Es kommt etwas in einem in Bewegung. Plötzlich spürt man eine große Verantwortung. Nicht nur zu Hause und auf den engen Familienkreis bezogen, sondern häufig auch weitreichender, über den Tellerrand hinaus. Der Einkauf im Bioladen, die Recherche nach dem nächsten Unverpacktladen, das Bestellen von echter Öko- oder Secondhandkleidung, manchmal sogar das anders gesetzte Kreuzchen auf dem Stimmzettel bei Wahlen sind sichtbare Folgen des Elternwerdens. Elternsein wird damit zum gesellschaftlichen Potenzial, auch wenn es in vielerlei Hinsicht Energie und besonderen Mut erfordert.

SCHWANGERSCHAFT
Bevor das Baby auf die Welt kommt, erleben viele Frauen und Paare einen intensiven Nestbautrieb.

Voller Vorfreude und mit besten Absichten stattet man sich aus, beschafft Möbel, Kleidung und Babyequipment. Vielleicht steht sogar ein Umzug an, das bisherige Zuhause wird saniert oder einzelne Zimmer werden neu gestaltet. Genieße diese Vorfreude, tob dich aus und nutze den Drang zu Veränderung, um für dein Baby eine Umgebung zu schaffen, in der es gesund aufwachsen kann. Nutze die Ruhe vor dem Sturm, um besonders gut zu prüfen, was neu ins Haus kommt – egal ob Wandfarbe, Babyschlafsack, Kuscheldecke, Babyfläschchen oder Kinderwagen. Aus welchen Materialien bestehen diese Dinge? Vertraust du Gegenständen aus Plastik? Fühlt es sich für dich sicher und gut an, dein Baby in erdölbasierte Kunstfasertextilien zu hüllen? Ein Baby zu bekommen ist eine riesige Chance, das eigene Zuhause auf Vordermann zu bringen und für eine wohngesunde, ökologische Atmosphäre zu sorgen. Nicht nur dein Baby, sondern auch du selbst wirst sehr davon profitieren. Und du wirst dich guten Gewissens auf den neuen Lebensabschnitt einlassen können.

GESCHENKE ZUR GEBURT

Hilfreich für weniger Kram, weniger Müll und weniger Plastik ist es, schon während der Schwangerschaft bei Familie und Bekannten immer wieder einfließen zu lassen, dass dir und euch beispielsweise Babykleidung aus reiner Naturfaser mit GOTS- oder Naturtextil-Best-Siegel enorm wichtig ist. Wenn du dich unsicher fühlst, deine Vorstellungen zu kommunizieren und andere nicht verletzen willst, ändere die Perspektive: Schlimmer als herzliche, klare, offene und ehrliche Ansagen im Vorhinein sind später Enttäuschungen. Wer will schon mit „falschem" Geschenk in der Hand den frisch gebackenen Eltern gratulieren? Hilf deinem Umfeld, ideale Babygeschenke zu finden, indem du sie rechtzeitig informierst und auf dem Laufenden hältst. Werdende Großeltern, Tanten, Onkels & Co. wollen unterstützen. Das können sie am besten, wenn sie genau Bescheid wissen.

Was sinnvoll ist

Je klarer du kommunizierst, desto passender werden die Geschenke sein. Um für dich Klarheit zu bekommen, was sinnvolle Geschenke sein könnten, denke in folgenden drei Kategorien und sammle, was dir jeweils dazu einfällt:

— Gegenstände, physische Produkte
— Geld, finanzielle Unterstützung
— Zeit

Zeit ist für Eltern eins der wichtigsten Güter. Gerade in den ersten Wochen und Monaten willst du dich aufs Baby einlassen können und freust dich darüber, viele der sonst normalen Aspekte des Alltags zurückstellen zu können. Dafür ist Unterstützung durch andere Menschen genial, denn, wie ein afrikanisches Sprichwort besagt, braucht es ein ganzes Dorf, um ein Kind großzuziehen. Dabei geht es speziell am Anfang nicht nur um das Baby selbst, sondern um das ganze Surrounding. Nach einiger Zeit verändert sich das Ganze meist etwas und Eltern sind dankbar, bewusst Zeit für sich zu haben.

Wer Unterstützung in Form von Zeit an frischgebackene Eltern verschenkt, hat daher gute Karten, einen Treffer zu landen. Konkret könnte es Unterstützung im Haushalt sein, ein Gutschein für fertig gekochtes Essen oder gleich ein Vorrat an fertigen Mahlzeiten für die Tiefkühltruhe, Ausflüge mit älteren Geschwistern oder später Babysitting-Einheiten.

Wie sinnvoll **Geldgeschenke** sind, ist von Haushalt zu Haushalt verschieden. Während die einen auch

Zeit statt Zeug:
Kommuniziere
Geschenkideen
an Freunde und
Familie.

TIPPS
bei älteren Kids findest du
unter www.laboratorium-
nachhaltigkeit.de/kinder-
zimmer-ohne-plastik

größere Anschaffungen wie einen
möglichst ökologischen Kinderwagen ohne Schadstoffe problemlos
finanziell stemmen können, sind für
andere Familien Anschaffungen wie
diese beinahe utopisch. Die Babyzeit darf ein Genuss sein – Geldgeschenke können genau dazu bei-
tragen. Vielleicht gibt es sogar eine
ganz bestimmte Anschaffung, an
der sich alle Schenkmotivierten
beteiligen können?

Natürlich mit Farbe: Unbedenk-
liches Kinderspielzeug muss
nicht immer holzbraun sein.

1

2

BUCH-TIPP

zum Vertiefen:
„Zero Waste Baby:
Kleines Leben
ohne Müll" von
Olga Witt
(s. S. 123)

BABYZEIT

Durch einen Abstand von über acht Jahren zwischen den Geburten unserer beiden Töchter erlebten wir die Babyzeit bei beiden jeweils sehr unterschiedlich. Während wir bei unserer Großen vieles einfach auf uns zukommen ließen, hatte ich bei unserer Kleinen unglaublich klare Vorstellungen im Kopf, wie die Dinge so sein sollten. Ich war mutiger zu gestalten und dachte weiter voraus. So kam es, dass die Kleine fast nur Öko-Naturfaser-Kleidung auf der Haut und kaum mal ein Wegwerffeuchttuch am Babypopo hatte. Mir war klar: Wer heutzutage alles „ganz normal" macht mit Babyaus-stattung, Kleidung und Co., findet sich leider schnell zwischen Bergen aus Plastik und Müll wieder. Inzwischen erhalte ich regelmäßig Nachrichten von Müttern, die sich unter dem ganzen Berg „Zeug", das sich wie automatisch zu Hause ansammelt, fast schon erdrückt fühlen. Wie kann das sein? Sind wir als Spezies Mensch tatsächlich auf diese ganzen Sachen angewiesen? Im Gegenteil! Während der Babyzeit unserer zweiten Tochter nutzte ich das Wissen zum Thema Minimalismus, das ich mir in den Jahren zuvor angeeignet hatte. Ich versuchte alles wegzulassen, was weder mit einem echten Glücksgefühl verbun-

3

den, noch ehrlich nützlich war. Mit der Frage „Does this spark joy?" von Marie Kondo war der Leuchtturm gesetzt. Und es funktionierte. Die wichtigsten Elemente unserer Ausstattung:

— Lieblings-Tragetuch für mich und Tragehilfe für den Papa
— eine kleine(!), aber feine Auswahl an GOTS-zertifizierter Baby-kleidung
— eine Babydecke aus kbT-Schur-wolle
— ein Asia-Töpfchen mit Bio-Baumwoll-Bezug
— Stoffwindeln und Wegwerfwin-deln mit möglichst hohem An-teil kompostierbarer Materialien

Stoffwindeln erleben aktuell ein Revival. Das spart nicht nur Müll und Kosten, sondern hält Plastik von Babys Körper fern.

1. Mulltücher und Wetbag

2. Stoffwindeleinlagen und Abhaltetöpfchen

3. waschbare Windeln mit Klett- und Druckverschluss

— zirka 30 Mull- und Frottee-tüchlein
— zwei Wetbags
— eine Sprühflasche mit Wasser-Öl-Gemisch für zu Hause und unterwegs
— waschbare Stilleinlagen

BADEZIMMER

BACK TO BASICS

Das Badezimmer hat viel mit unserer Natur zu tun: Haut, Haar, Menstruation, Pflege und Genuss.

———

„Großreinemachen"
mal anders

Warum ist das Bad der ideale Ort, um sich mit dem inneren Schweinehund anzufreunden? Welche enorme Chance tut sich hier für die Welt und für dich auf? Im Bad kannst du auf deinem Weg mit relativ geringem Aufwand große Veränderungen erreichen. Viel Spaß dabei!

FRAUEN UND PLASTIK

Schadstoffe aus Plastik sind für Frauen eine besondere Gefahr. Warum ist das so? Gleichzeitig steckt darin eine enorme Chance. Ergreife sie! Eine kanadische Studie zeigt, dass Frauen, die in der Automobilindustrie mit Kunststoffen arbeiten, ein fünfmal höheres Risiko haben an Brustkrebs zu erkranken als der kanadische Durchschnitt. Auch an anderen Stellen sind Frauen erhöhten Belastungen durch Plastik und potenziell schädlichen, erdölbasierten Stoffen ausgesetzt. Generell können Schadstoffe, die in unsere Körper gelangen, unabhängig vom Geschlecht schädlich sein – vielfach auch unabhängig von der biologischen Art oder Gattung, zu der ein Lebewesen zählt.

Es macht Sinn, einen Blick auf die Frauen als Risikogruppe zu werfen. Beispielsweise haben Frauen mehrere Jahrzehnte ihres Lebens monatlich ihre Periode. Bei Verwendung von Wegwerf-Monatshygiene, wie Binden und Tampons, sind sie jeden Monat einige Tage diesen Produkten ausgesetzt,

inklusive aller enthaltener Stoffe. Übliche Wegwerfbinden beispielsweise bestehen bis zu 90 Prozent aus erdölbasiertem Kunststoff, der wiederum verschiedenste, teilweise gesundheitsschädliche Zusätze enthalten kann, wie Bisphenol A oder S (BPA, BPS). Tampon-Applikatoren, verbreitet vor allem in den USA, weniger in Deutschland, können Phthalate enthalten, die ebenfalls schädlich sind.

Frauen verwenden zudem häufiger und in größerer Menge als Männer Cremes, Kosmetik und Pflegeprodukte. Unabhängig von der Preisklasse enthalten die meisten Standard-Cremes zum Beispiel Paraffin, Petrolatum und andere erdölbasierte Stoffe.

Zusätzlich zu all diesen Punkten muss gesagt werden, dass (leider) nach wie vor in vielen Haushalten die alte Rollenverteilung vorherrscht und Frauen fürs Putzen zuständig sind. Dabei setzen sie sich unterschiedlichsten Reinigern und Putzmitteln aus, die neben Mikroplastik unzählige Schadstoffe enthalten können.

Der Blick über den Tellerrand

Weltweit tragen viele Frauen zum Lebensunterhalt ihrer Familien bei, indem sie Müll sammeln – wie auch ihre Kinder. Die wertvollen Ressourcen werden gebündelt und als Rohstoff verkauft, beispielsweise Kupfer aus alten Kabeln. Das Kupfer wird aus dem Kunststoffmantel herausgelöst, indem der gesammelte Haufen in Brand gesetzt wird – der Kunststoff schmilzt und verbrennt, übrig bleibt Kupfer. Du kannst dir vorstellen, was hier passiert: Ohne Schutzausrüstung, ohne Luftfilter werden Materialien verbrannt, die giftige Gase und Rußpartikel in großen Mengen freisetzen. Eine wahnsinnige Gesundheitsbelastung für alle beteiligten Personen und die Umwelt. Klar, das passiert nicht in unserer Nachbarschaft. Trotzdem sind wir mit verantwortlich, weil die Wirtschaft, Geld- und Warenströme heute global vernetzt sind und als weltumspannendes System funktionieren.

Selbst Müll ist in globale Verkettungen eingebunden. Jahrzehntelang hat Deutschland gigantische Berge an Müll, vorrangig Plastikverpackungsabfälle, beispielsweise nach China exportiert – bis China Anfang 2018 die Grenzen für deutsche Müllimporte schloss. 2019 war Malaysia das Hauptabnehmerland für deutschen Plastikmüll. Auch in europäische Länder exportiert Deutschland zunehmend Müll.

Wie zum Beispiel der Naturschutzbund Deutschland (NABU) schreibt, wird in den Empfängerländern „nur ein Teil der Abfälle [...] tatsächlich recycelt. Der Rest wird unter niedrigen Umweltstandards verbrannt oder deponiert". Für die Umwelt und die Gesundheit der dort lebenden Menschen gleicht das einer Katastrophe. Deutschland schiebt also weiterhin den Schwarzen Peter über die Grenze, statt selbst die volle Verantwortung zu tragen. Bis die Politik so weit ist, wie du und ich sie gerne hätten, müssen wir also selbst mehr tun: im eigenen Leben Veränderung erreichen und Initiativen unterstützen, die sich für genau diese Themen einsetzen.

> „Handle nur nach derjenigen Maxime, durch die du zugleich wollen kannst, dass sie ein allgemeines Gesetz werde."
>
> *Immanuel Kant*

Frauen als relevante Playerinnen

Zurück zu den Frauen: Dass sie als Risikogruppe hinsichtlich der Belastung mit Schadstoffen aus Plastik definiert werden können, ist erst mal keine gute Nachricht. Gleichzeitig birgt das eine riesige Chance. Verschiedenste Studien liefern Hinweise, dass besonders Frauen wenig bereit sind, ihre eigene und die Gesundheit ihrer Familie zu riskieren. Häufig handeln Frauen im Alltag auch konsequenter umweltbewusst. Gesellschaftlich gesehen ist genau das ein enormes Potenzial, das wir wachsen lassen und nutzen dürfen. Fühlst du dich als Frau aufgefordert und verantwortlich dafür, Veränderungen zu erreichen, Dinge zu verbessern? Lass diese Flamme in dir groß werden.

1. Seife in Stücken kommt ganz ohne Plastik daher. Sicher findest auch du dein Lieblingsstück!

2. Wer 100 % sicher gehen will, dass der eigene Müll nicht auf ausländischen Deponien landet, verursacht ihn am besten gar nicht erst.

1

2

Frauen-Spezial: Menstruation

Fehlt dir in Sachen Monatshygiene bisher der Mut etwas zu ändern? Sieh es als Experiment und probiere einfach mal was Neues aus! Hier stelle ich dir gute Alternativen vor. Was könnte für dich passen?

ALTERNATIVEN FÜR ANFÄNGERINNEN UND FORTGESCHRITTENE

Fast 40 Jahre lang haben Frauen ihre Menstruation. Dabei kommt ordentlich Müll zusammen, wenn du überlegst, was allein du entsorgst. Wie kannst du dich befreien von Wegwerf-Menstruationsprodukten? Dafür gibt es mehrere Möglichkeiten. Einige davon kannst du dir für dich vorstellen, andere wiederum nicht. Das ist okay und völlig normal. Lass die Vorschläge sacken, dann wirst du merken, welche Variante du vielleicht in deinen Alltag integrierst. Das Wichtigste ist, dass du dir zunächst einen Überblick verschaffst. Alles Weitere fügt sich von allein. Ich wünsche dir, dass du eine für dich gute Lösung findest, ohne Schadstoffe, ohne Müll, gut für deine Gesundheit und die Umwelt.

1

1. Waschbare Binden & Co. stoßen momentan auf immer mehr Anklang.

2. Tampons, Binde, Slipeinlage, Labia Pads (v. li.)

3. MensCup falten

4. MensCup mit Aufbewahrungsbeutel

Wegwerfprodukte aus Naturfasern statt Plastik

Wenn du zunächst bei den gewohnten Hygieneprodukten bleiben, aber trotzdem einen Schritt Veränderung wagen möchtest, kaufe Tampons, Binden und Slipeinlagen mit möglichst hohem Anteil, bestenfalls aus 100 % biozertifizierter Naturfaser. Achte auf reduzierte Verpackung, also keine mehrfach eingepackten Produkte kaufen.

Waschbare Alternativen

Deinen Monatshygiene-Müllberg drastisch reduzieren kannst du, indem du auf waschbare Alternativen zu Binden und Slipeinlagen umsteigst. Als einfaches Backup funktionieren Labia Pads, blattförmige Mini-Einlagen. Auch Tampons gibt es als waschbare Alternative zu kaufen. Immer mehr Beachtung findet aktuell sogenannte Periodenunterwäsche. Benutzte Binden und Co. am besten kurz mit kaltem Wasser ausspülen, direkt in der Waschmaschine oder in einem Wetbag sammeln und ganz normal mitwaschen.

MensCup

Der Umstieg von Tampons auf Menstruationstasse erfordert ein bisschen Mut, aber lohnt sich auf Dauer gleich dreifach: Du sparst Kosten, du hast kaum mehr Müll und du musst während deiner Periode viel seltener daran denken.

Für Fortgeschrittene

Wenig verbreitet sind im deutschsprachigen Raum die Levantiner Schwämmchen (Menstruationsschwämmchen), die man mehrfach nutzt und abschließend kompostiert. Auch die freie Menstruation ist ein Thema, dem du dich widmen kannst. Im Internet findest du spannende Berichte dazu. In der Tabelle rechts findest du Alternativen zu herkömmlichen Binden und Tampons. Was passt für dich?

Ich empfehle dir aus eigener Erfahrung gerne ImseVimse, OrganiCup und Bloodmilla. Wichtig: Wie du es von mir gewohnt bist, ist auch das keine Auftragswerbung.

Was möchtest du ausprobieren?

- [ ] Tampons aus Bio-Baumwolle
- [ ] Binden und Slipeinlagen mit möglichst hohem Anteil an Bio-Baumwolle
- [ ] waschbare Binden
- [ ] Menstruationstasse, MensCup
- [ ] waschbare Tampons
- [ ] Labia Pads
- [ ] Menstruationsschwämmchen, Levantiner Schwämmchen
- [ ] freie Menstruation

2

3

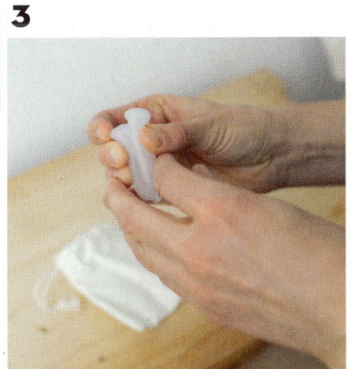

4

SICHTBARE ERGEBNISSE

Schnell erledigt sind Schritte zu weniger Plastik und Müll im
Badezimmer, hier mit Zahnputztabletten und Holzzahnbürsten.

Der innere Schweinehund

Kämpfst du manchmal mit deinem inneren Schweinehund? Du bist nicht allein. Wenn wir Ziele erreichen wollen in unserem Leben, kommt er manchmal dahergeschlichen und versucht uns auf verrückteste Art und Weise davon abzubringen.

BRING DEIN BAD AUF VORDERMANN!

Der innere Schweinhund kann ordentlich Unzufriedenheit stiften. Kennst du das? Am Beispiel des Badezimmers wirst du lernen, besser mit deinem Schweinehund klarzukommen, ihn zu akzeptieren – denn er hat durchaus seine Berechtigung und sein Gutes. Mach dir keinen Druck, weder mit Zero Waste noch mit anderen Dingen. Du wirst deinem Ziel näherkommen – entspannt, aber sicher.

Das Bad ist einer der kleineren Räume deines Zuhauses. Daher ist es recht leicht für dich, hier schnell und einfach zu sichtbaren Ergebnissen zu gelangen. Selbst dann, wenn du viele Cremes etc. besitzt, ist die Ausstattung deines Badezimmers doch recht überschaubar.

Neu sortiert für mehr Zufriedenheit

Verschaffe dir einen Überblick darüber, welche Produkte und Gegenstände du im Bad benutzt und was davon bezüglich Plastik und Müll überhaupt relevant ist. Anschließend kannst du in einem Aufwasch Dinge verändern: Du stellst einmal um, schmeißt einmal raus, was dich nicht tief im Herzen glücklich macht, und kaufst einmal ein, was du neu ausprobieren willst.

Im Bad ist es nicht wie zum Beispiel beim Einkauf von Lebensmitteln, wo du alle paar Tage und immer wieder neu die richtigen Entscheidungen treffen musst. Im Badezimmer gelingt die Umstellung schnell – pack einmal an und beobachte, wie positiv sich deine flotten Veränderungen auf deine Zufriedenheit auswirken. Schweinehund darf dabei neben dir sitzen und beobachten, tätschle ihn derweil ein bisschen. So rasch, wie du deine Dinge im Bad verändert hast, wird er es kaum schaffen aktiv zu werden.

Bring dein Bad auf Vordermann und genieße, was du erledigt hast. Anpassungen sind natürlich jederzeit möglich.

STEP BY STEP

Dein Schweinehund lernt mit dir, dass Zero Waste, plastikfrei und nachhaltig leben nicht zäh sein müssen wie Kaugummi, sondern häppchenweise bewältigbar sind.

DIE RÄUME PFLEGEN UND SICH DRIN WOHLFÜHLEN

Zitronensäure, Soda und ein Pärchen Handschuhe aus FSC-Naturkautschuk decken beim Saubermachen einen ordentlichen Teil ab.

Reiniger für dein Zuhause

Lagerst du deine Reiniger und Putzutensilien auch im Bad? In vielen Haushalten ist das so. Darum schauen wir uns jetzt dieses Thema genauer an und finden heraus, wie du auch hier Müll und Plastik reduzieren kannst.

SCHEUERMILCH – DIE MIKROPLASTIK-SCHLEUDER

Handelsübliche Scheuermilch enthält kleine Mikroplastikkügelchen, durch die der Scheuereffekt erzielt wird. Diese wirken, ganz plakativ ausgedrückt, wie Schmirgelpapier. Mit ihnen reibt man den Schmutz von glatten Oberflächen wie Waschbecken, Badewanne oder Küchenspüle. Du kannst dir vorstellen, was passiert, wenn nach dem Scheuern das Mittel mit Wasser in den Abfluss gespült wird. Kläranlagen sind mit Art und Menge dieser kleinsten Teilchen überfordert – sie schaffen es nicht, alle auszufiltern. Auf diese Weise gelangt also Mikroplastik in die Umwelt und richtet dort Schaden an. Klar willst du das nicht! Stattdessen kannst du – um diesen Scheuereffekt zu erreichen– eine Bürste mit sehr festen Borsten verwenden. Oder du verwendest Scheuermilch von Herstellern, die statt Mikroplastik zum Beispiel Marmorstaub nutzen – gibt's in Bioläden. Reduziere außerdem die Menge an Scheuermilch, indem du ein Tuch mit glatter, dicht gewebter Oberfläche (zum Beispiel Küchentuch) oder einen halben Bogen Zeitungspapier verwendest. Von den kleinsten Scheuerpartikeln verschwinden dadurch nur wenige im Tuch selbst, sondern sie bleiben dort, wo man sie braucht: auf der Oberfläche.

WEG VON SPEZIALREINIGERN

Wie viele unterschiedliche Produkte und Mittelchen zählst du in deinem Sortiment zum Saubermachen? Viele davon wirst du dir zukünftig sparen, wenn du umstellst auf einige wenige Basics, die universeller einsetzbar sind. Dazu zählen Waschsoda, Apfelessig oder Zitronensäure.

Lauge

Um sie richtig anzuwenden, ist ein bisschen Chemie-Wissen gefragt: Soda entfaltet in Wasser aufgelöst eine stark alkalische Wirkung (auch „basisch" genannt). Diese Lauge hat einen pH-Wert von über 7. Sie wirkt wunderbar gegen Fette, Eiweiße und Verschmutzungen. Verwende Soda immer sehr sparsam! Meist brauchst du weniger Pulver, als du intuitiv verwenden würdest. Gut zu wissen: Damit Soda richtig aktiv für dich arbeiten kann, braucht es ein bisschen Anlaufzeit, in der es die Wasserhärte ausfällt (also hartes Wasser weich macht). Hautkontakt vermeiden und – mineralölfreie– Putzhandschuhe tragen.

Säure

Die Gegenspielerin zur Lauge ist die Säure, mit einem pH-Wert unter 7. Apfelessig, Essigessenz oder in Wasser gelöste Zitronensäure sind sauer und daher ein Powermittel gegen Kalkablagerun-

Statt harter Chemiekeule helfen zur Abflussreinigung Twist-Stäbchen aus Holz, Natron und 2 Liter kochendes Wasser.

gen aller Art, zum Beispiel auf Wandfliesen in der Dusche, in Waschbecken, in Wasserkocher, Spülmaschine oder Waschmaschine. Zur Anwendung in Maschinen wird eher Zitronensäure statt Essig empfohlen, da sie angeblich Dichtungsringe etc. schont. Ich selbst verwende regional produzierten Apfelessig aus der Mehrweg-Glasflasche auch für unsere Maschinen, sogar als Klarspüler in der Spülmaschine – und die Geräte funktionieren nach über zehn Jahren nach wie vor wunderbar. Tipp für stärkere Verkalkungen: Ein mit Wasser und Säure be-

feuchtetes Tuch über Nacht auf die Stelle auflegen, am nächsten Tag abklopfen oder schrubben.

NEU DENKEN, SCHLAU KAUFEN

Um Verpackungsmüll bei Reinigern zu sparen, darfst du ein bisschen umdenken: Üblicherweise kaufst du bei Klarspüler, Fensterreiniger und Co. neben den Inhaltsstoffen, die fürs Saubermachen enthalten sind, auch einen großen Teil Wasser und andere überflüssige, teilweise schädliche Substanzen mit. Du bezahlst und schleppst Anteile, die du gut und gerne auch selbst hinzufügen könntest (Wasser) oder die du gar nicht haben willst (bedenkliche Stoffe). Ganz abgesehen von den meist dickwandigen Wegwerfflaschen drumherum.

Schlauer ist es, genau zu überlegen, was dein Ziel ist – und dann den Weg dorthin neu zu entwickeln. Beispiel: Dein Ziel sind klare, saubere Fensterscheiben. Dein neuer Weg dorthin könnte sein, in einer Sprühflasche Wasser und Essig zu mischen, auf das Glas zu sprühen, zu putzen und danach mit zerknülltem Zeitungspapier trockenzuwischen. Graue Schlieren außen entfernst du zuvor mit einem feuchten, alten Handtuch. Ziel erreicht, Umwelt geschont, Geld und Müll gespart. Viele dieser Tipps gehören zur Kategorie „Was Oma noch wusste". Frag sie um Rat!

Umdenken beim Saubermachen

Im Kapitel „Küche und Esszimmer" hast du fünf Aspekte kennengelernt, wie Plastik und Schadstoffe daraus beschleunigt in deinen Körper gelangen können. Nutze diese und andere Aspekte auch fürs Umdenken beim Saubermachen, zum Beispiel:

— mechanischer Abrieb: kratzen, bürsten, schrubben; Marmormehl statt Mikroplastik in Scheuermilch
— Säure: für Glanz in Bad und Küche, als Klarspüler in der Spülmaschine, Essigwasser bei offenem Fenster kurz aufkochen gegen schwer-fettige Luft in der Küche
— Fett: ein Tropfen Öl zum Entfernen von Etiketten
— Alkohol: löst Fett und andere Partikel, lässt glatte Oberflächen strahlen
— Zeit: Unterschätze nicht ihre Wirkkraft, z. B. Kleidung mit Flecken vor dem Waschen einweichen
— UV-Licht und Sauerstoff: Omas weiße Wäsche strahlte durch Trocknen in der prallen Sonne über Photosynthese betreibenden Wiesen

Die Umstellung bewältigen

Wenn du umstellst auf etwas Neues, brauche erst das Alte auf. Es sei denn, du machst dir inzwischen Gedanken, ob das Alte evtl. sogar gesundheitsschädlich sein könnte. Dann beiße besser in den sauren Apfel, mach ein Mal Tabularasa und entsorge die alten Sachen.

Wenn du bei einem angestammten Mittel bleiben willst, könntest du dir angewöhnen einfach weniger zu verwenden. Klappt nicht nur bei Geschirrspülpulver oder anderen Reinigern, sondern auch bei Zahnpasta. Einschleichen ist das Zauberwort: Reduziere die Dosis fast unmerklich über ein paar Wochen, damit es sich nicht nach Verzicht anfühlt. Easy Trick, oder?

WC-Bürsten aus Holz lassen sich nach Ende der Nutzungszeit guten Gewissens entsorgen.

Deine Aufgabe im Bad

Schaffe im Bad Änderungen, die mit deinem inneren Schweinehund harmonieren. Wie das? Fokussiere dich auf die ersten, für dich wichtigsten Schritte und stelle davon möglichst viele auf einen Streich um.

DIE APP TOXFOX HILFT DIR!

Scanne dein gesamtes Sortiment an Shampoo, Duschgel, Lotion etc. mit der Smartphone-App ToxFox. Finde heraus, ob das wirklich Produkte sind, die du alltäglich und mit gutem Gefühl verwenden kannst. Was sagt ToxFox zu den einzelnen Fläschchen, Tuben und Döschen? In deiner persönlichen Liste notierst du dir zunächst alle Produkte, deren ToxFox-Bewertung dich erschreckt und verunsichert. Finde für genau diese Punkte Alternativen! Was würdest du gerne ausprobieren? Wie könnte eine Alternative aussehen?

TOXFOX-SCAN DEINER BADARTIKEL

	Dein Produkt (Cremes, Duschgel, Kosmetik etc.)	ToxFox-Ergebnis nicht okay? Mögliche Alternativen?
☐		
☐		
☐		
☐		
☐		
☐		
☐		
☐		
☐		
☐		

Behalte, was dich glücklich macht – wie die Wärmflasche aus FSC-Naturkautschuk. Schaffe Klarheit bei deinen Produkten mit der ToxFox-App.

DEINE INDIVIDUELLE CHECKLISTE FÜRS BAD

Nutze nun auch die Checkliste „Must-haves im Bad" und übertrage alle Punkte, die dich hier interessieren, in diese persönliche Checkliste. Auch aus dem Kapitel zum Thema Reiniger holst du dir nun die für dich wichtigsten Punkte rüber. Erinnere dich an den inneren Schweinehund und an das Pareto-Prinzip. Nutze die Chance, das meist kleine Badezimmer in einem Abwasch abzuhaken. Und: unperfekt ist perfekt!

INDIVIDUELLE CHECKLISTE

Welche Must-haves gibt es bei dir im Bad? Was möchtest du dir zulegen?

- [ ]
- [ ]
- [ ]
- [ ]
- [ ]
- [ ]
- [ ]
- [ ]
- [ ]

Inspirationen zu deiner Aufgabe

Wenn du einmal neue Tatsachen geschaffen hast, ploppt in deinem Kopf nicht ständig wieder ein „To-do im Bad" auf. So musst du nicht dauerhaft diszipliniert sein, sondern kannst deine abgehakten Veränderungen einfach genießen.

Meine Must-haves fürs Bad sollen Inspirationen für dich sein. Schau, ob diese Alternativen zu deinen herkömmlichen Produkten nicht auch was für dich sein könnten. Überlege darüber hinaus, was dir stattdessen oder ergänzend einfällt und übertrage die Punkte in deine individuelle Checkliste.

MUST-HAVES ALS INSPIRATIONEN

☐	2 feste Seifen oder Waschstücke	zum Duschen und Händewaschen; z. B. Finigrana-Aleppo-Seife
☐	festes Shampoo	oder Haarseife plus einen Essig deiner Wahl zum Nachspülen
☐	Seifenablage	mit gut funktionierender Entwässerung, denn die Seife muss möglichst trocken liegen; z.B. Luffa-Scheibe
☐	Rasierhobel	hier wechselst du nur die Klinge, ohne Plastikgedöns
☐	waschbare Abschminkpads	kaufen, selbst nähen oder häkeln
☐	Öl zum Abschminken	z. B. ein gutes Olivenöl. Gewöhne dir an, zuerst dein Gesicht mit Wasser zu waschen, dann nur ein wenig Öl auf der Handfläche zu verteilen und damit das Gesicht zu benetzen. Mit einem zuvor angefeuchteten, waschbaren Abschminkpad entfernst du dann Make-up und Öl.

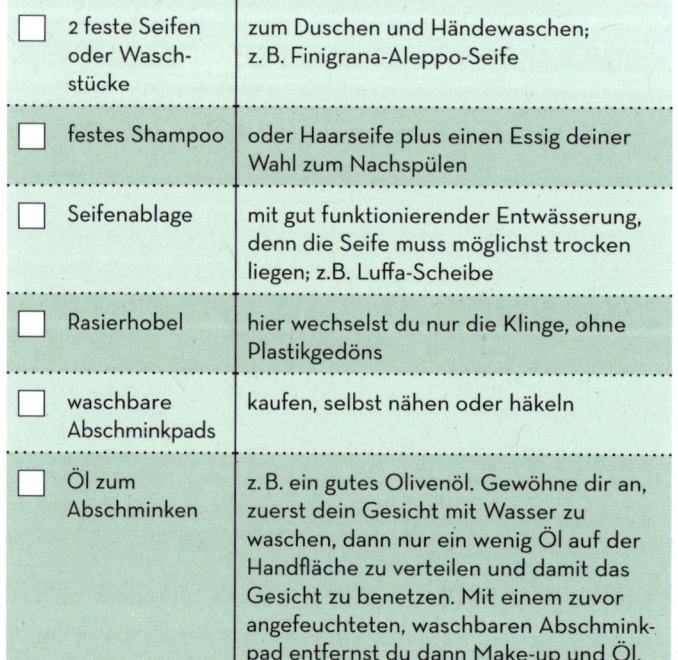

Rasierhobel und waschbare Abschminkpads gehören fest zu meiner Ausstattung.

PUTZEN MIT ALTERNATIVPRODUKTEN

Produkt	Alternative, Wissenswertes und Anwendung
☐ Scheuermilch	Grobe, harte Bürste für den mechanischen Abrieb von Schmutzablagerungen. Wenn Scheuermilch, dann nur vom Öko-Hersteller (z. B. Sonett), denn hier ist kein Mikroplastik enthalten.
☐ Reiniger	Soda. Alkalisch/basisch, super gegen Schmutz. Zur sofortigen Verwendung mit heißem Wasser aufgießen. Bei kaltem Wasser ca. 1 h warten. Ideal auch zum Einweichen von stark verschmutzter Wäsche (nur für farbechte, pflegeleichte Textilien). Handschuhe tragen und Pulver nicht einatmen! Dosierung: 1 TL auf 1 l heißes Wasser für Eingebranntes (mit Soda-Lösung kurz aufkochen), Fettiges (10 Min. Einwirkzeit erleichtern die Reinigung), zur Reinigung von Holzbrettchen, Thermoskannen und Fliesen, Wannen, Waschbecken. Mit Wasser nachspülen. 1 EL auf 1 l heißes Wasser zum Einweichen und Durchspülen von Ausgüssen oder zur Kühlschrank-Reinigung (entfernt Gerüche). 1 EL auf 10 l kaltes Wasser, 30 Min. warten, unempfindliche Wäsche über Nacht einweichen und morgens wie gewohnt waschen.
☐ Kalkentferner	Säure aus Essig, Essigessenz, Zitronensäurepulver. Super gegen Kalk. Starke Kalkablagerungen über Nacht mit essiggetränktem Tuch einweichen. Wasserkocher entkalken, indem du im Wasserkocher Säure und Wasser aufkochst (500 ml Wasser mit 2 EL Zitronensäure oder 80 ml Essigessenz).
☐ Spülmaschinen-reiniger	Kaufe keine Spülmaschinen-Tabs mehr, sondern verwende Pulver. Hier kannst du selbst bestimmen, welche Menge du verwenden willst (wenig!). Außerdem löst sich Pulver viel schneller und besser in der Spülmaschine auf, sodass du mit Kurz-Programmen bessere Sauber-Effekte erzielst.
☐ Klarspüler	Klarspüler für die Spülmaschine ersetzt du durch in Wasser gelöste Zitronensäure (1 EL Zitronensäure auf 200 ml Wasser).
☐ Fensterreiniger	Fenster mit grobem Putzlappen vorwischen, mit feuchtem Zeitungspapier nachreiben, evtl. einen Schuss Essig ins Waschwasser geben.
☐ Woll- und Feinwaschmittel	Woll- und Feinwaschmittel stelle ich gelegentlich aus Kernseife selbst her. 10 g Kernseife mit der Reibe fein zerkleinern, in 100 ml Wasser aufkochen, fertig. Keine zu große Menge herstellen, da es nicht konserviert. Alternativ Mittel vom Öko-Hersteller wählen.
☐ Weichspüler	Normaler Weichspüler ist ökologisch und gesundheitlich bedenklich. Lass ihn einfach weg oder gib etwas Essig(essenz) ins Weichspülerfach, das hält die Wäsche weich und die Waschmaschine sauber. Die Wäsche riecht meiner Erfahrung nach nicht nach Essig. Alternativ Mittel vom Öko-Hersteller wählen.
☐ Desinfektions-reiniger	Desinfektionsreiniger werden überbewertet, dazu findest du auch Studien. Verwende sie nur im Notfall, z. B. wenn jemand aus deiner Familie ansteckend erkrankt ist.

EINKAUF UND VORRÄTE

DER VERPACKUNGSFLUT ENTKOMMEN

Mit hochwertigen, möglichst unverpackten Lebensmitteln nach Hause zu kommen schafft
Zufriedenheit und ist ein Akt der Selbstwertschätzung.

Lerne das Einkaufen neu – ohne Müll

Damit volle Mülltonnen nicht mehr vorprogrammiert sind durch Wegwerfverpackungen, lernst du jetzt Recyclingcodes kennen. Außerdem bekommst du einen Einblick, wie du kaum mehr Müll mit nach Hause nimmst und an unverpackte Lebensmittel herankommst.

KENNST DU DIE RECYCLING-CODES?

Recyclingcodes werden in Deutschland dafür verwendet, dass Entsorgungsunternehmen und andere an der Müllkette Beteiligte die Müllmasse nach Materialgruppen sortieren und für eine mögliche Weiternutzung vorbereiten können.

Für dich selbst können die Codes eine Entscheidungshilfe sein, wenn du neue Dinge anschaffen willst und dich fragst, mit welchem Material du es zu tun hast. Hilfreich sind die Codes auch zur Klärung der Frage, in welche Tonne du bestimmte Gegenstände werfen solltest.

Jeder Recyclingcode besteht aus drei Elementen:
— Dreieck aus drei Pfeilen
— Zahl in der Mitte
— Buchstabenkürzel unten

Am bekanntesten sind die Codes für Kunststoffe wie „PP" (Polypropylen). Auch für andere Wertstoffgruppen gibt es eigene Recyclingcodes, darunter Holz, Papier, Karton oder Metalle. Wir legen den Fokus auf die Gruppe der Kunststoffe, da du speziell Müll reduzieren möchtest, der für Umwelt und Gesundheit besonders schädlich ist

und derzeit in enormen Mengen anfällt. Die Lebensmittelbeschaffung und Vorratshaltung macht hier einen bedeutenden Teil aus.

Wenn du durch die Regalreihen gewöhnlicher Supermärkte gehst, fällt dir auf, dass kaum ein Produkt ohne Plastikverpackung zu sehen ist. Da es sich bei Lebensmitteln um Waren handelt, die wir ständig nachkaufen müssen, weil sie natürlicherweise nach einer bestimmten Zeit aufgebraucht sind, ist Verpackungsmüll von Lebensmitteln eine der ganz großen Stellschrauben zu weniger Müll in deinem Leben.

Innerhalb der Gruppe der Kunststoffe gibt es sieben Recyclingcodes.

> Lebensmittelverpackungen sind eine der größten Stellschrauben zu weniger Müll in deinem Zuhause.

01 – PET = Polyethylenterephthalat

Neben der bekannten Verwendung von PET bei Getränken, den PET-Flaschen, wird das Material für Lebensmittelverpackungen verwendet und faserförmig als Grundlage für Kleidung. Die Abkürzung steht für Polyethylenterephthalat, das zur Familie der Polyester zählt.

02 – HDPE oder PE-HD = Polyethylen hoher Dichte

Dieses Polyethylen hoher Dichte wird für Plastikflaschen, Behälter von Reinigungsmitteln, Haushaltswaren, Trinkwasser- und Gasrohre verwendet. Für dich spielt es beim Einkauf von Lebensmitteln eine eher weniger wichtige Rolle.

03 – PVC = Polyvinylchlorid

Obwohl Polyvinylchlorid im Lebensmittelbereich kaum Verwendung findet, wird davor gewarnt, dass daraus mehr schädliche Stoffe in den menschlichen Organismus übergehen, als bisher angenommen. PVC bildet die Grundlage für beispielsweise aufblasbares Spielzeug, Duschvorhänge, Fensterrahmen, Rohre, Bodenbeläge, Kabel, Stiefel und andere Kunstlederprodukte. Man unterscheidet zwischen Hart- und Weich-PVC. Um weiche Gegenstände aus PVC herstellen zu können, werden Weichmacher zugesetzt.

04 – LDPE oder PE-LD = Polyethylen geringerer Dichte

Dieser Recyclingcode begegnet dir bei Lebensmittel- und Drogerieeinkäufen häufiger. Das Polyethylen geringerer Dichte wird verwendet für Plastiktüten, Frischhaltefolien, Milch- und Saftkartonbeschichtungen, verschiedene Tuben und Müllsäcke.

05 – PP = Polypropylen

Im Lebensmittelbereich genutzt wird auch Polypropylen. Man findet es zudem beispielsweise bei CD-Hüllen, Innenraumverkleidungen, Kindersitzen oder Stoßstangen.

06 – PS = Polystyrol

Polystyrol macht bei Kunststoffen, die mit Recyclingcodes gekennzeichnet sind, nur einen geringen Anteil aus. Lebensmittelkontakt hat es in Form von Warmhaltebehältern für Essen „to go", da es aufgeschäumt eine bestimmte Dämmwirkung besitzt. In großen Mengen wird Polystyrol als Wärmedämmung an Häusern verbaut, sowohl bei Neubauten als auch im Rahmen von Sanierungen – eine bislang leider unterschätzte Form der Müllproduktion.

07 – O = „other" (engl. andere)

Kunststoffe, die keinem der genannten Codes zugeordnet werden können, werden mit „other" (engl. andere) gekennzeichnet. Dabei handelt es sich um reine oder auch Mischkunststoffe. Beispielsweise die Borsten von Zahnbürsten, Gehäuse von Elektrogeräten, Kinderspielzeug, CDs und DVDs, Koffer oder Seile fallen darunter. Die Entsorgung und das eigentliche Recycling wird dadurch erschwert, dass häufig nicht die reinen Kunststoffe eingesetzt, sondern Verbundstoffe und Materialmischungen erzeugt werden. Diese können leider nicht so einfach oder überhaupt nicht weiterverwendet werden.

Keine Sorge - du musst sie nicht lernen

Du sollst es auf dem Weg zu weniger Müll und Plastik möglichst einfach haben. Wenn du dich bisher nicht speziell mit Recyclingcodes beschäftigt hast, lass dich nicht verrückt machen. Du brauchst im Moment kein super tiefes Detailwissen hierzu. Sieh die Codes als interessantes Hilfsmittel, die dir später nützlich sein können. Viel wichtiger ist zunächst, dass du generell deinen Müll reduzierst und Plastik vermeidest, wo immer möglich.

DIE PLASTIKKRISE BOOMT

Ja, sie ist weltweit in vollem Gange. Das ist dir bewusst und darum hast du dich für dieses Buch entschieden. Müll ist eine Wissenschaft für sich.

Etwas Hintergrundwissen über verschiedene Materialien und deren Entsorgung ist natürlich sinnvoll. Entscheidend für leerere Tonnen ist aber unser Verhalten.

Platt gesagt kann man Müll sogar studieren, zum Beispiel innerhalb der Umwelt- und Verfahrenstechnik. Du musst also nicht Experte oder Expertin werden, wenn du dafür weder Zeit noch Lust hast.

Ironischerweise sind wir mit unserer Gesellschaft gleichzeitig Meister und Meisterinnen des Wissens um Müll, aber auch darin, riesige Müllberge aufzutürmen. Da wir diese allein nicht bewältigen können, exportieren wir Teile davon ins Ausland. Dort fallen die Anforderungen an Umwelt- und Menschenschutz geringer aus, sodass die Entsorgung preiswerter ist.

Recycling darf nicht die Hauptlösung sein, denn wir beseitigen dadurch nicht das eigentliche Problem. Wir bekämpfen lediglich Symptome. Das ist, als würde man dauerhaft Kopfschmerztabletten nehmen, um Verspannungskopfschmerz zu bekämpfen – der leider durch Fehlhaltung bei der Arbeit am Computer immer wieder neu entsteht. Das ist keine Dauerlösung.

Gerade wir Deutsche fühlen uns auf der sicheren Seite, weil wir fleißig Müll trennen, brav in die richtige Tonne werfen und überzeugt sind: „Es wird ja recycelt." Recycling scheint die perfekte Lösung zu sein. Nur leider ist es das de facto nur bedingt.

Ein Beispiel: Allein bei den Kunststoffverpackungen, die seit Einführung des Gelben Sacks und der Gelben Tonne vor rund 30 Jahren getrennt gesammelt werden, landet über die Hälfte in der Müllverbrennung. Der Begriff „thermische Verwertung" schönt diese Tatsache und impliziert, dass Müllverbrennung sinnvoll und in Ordnung ist. Dabei geht unter, dass in Müllverbrennungsanlagen ein Downcycling von Materialen stattfindet. Das, was die Anlagen am Ende in Form von Gasen, Partikeln in Abluft oder Luftfiltern sowie als Schlacke verlässt, ist alles andere als gut und gesund. Weder für uns Menschen noch für die Umwelt.

Es ist dennoch wichtig und gut, Müll zu trennen. Das solltest du auch weiterhin tun, denn nur, was getrennt wird, kann auch recycelt werden.

> **TIPP**
> Nutze deine Energie fürs Reduzieren von Müll und Plastik, statt Recycling-Profi zu werden.

MÖGLICHST UNVERPACKT EINKAUFEN

Mit ein paar neuen Anlaufpunkten und Gewohnheiten reduzierst
du deinen Verpackungsmüll spürbar und langfristig.

Menschen, die (fast) keinen Müll machen

Wie schaffen es manche Menschen, kaum Müll zu produzieren und vor allem kein Plastik zu entsorgen - ein Leben ganz nah an Zero Waste? Finde in dieser Auswahl an Möglichkeiten Inspirationen für dich selbst und dein Leben.

Die Anregungen sind entstanden als Kombination aus meinen persönlichen Erfahrungen der letzten Jahre und aus dem Erlebten in meiner Arbeit als NachhaltigkeitsCoach. Halte einen Stift bereit, um in der Checkliste (S. 91) zu notieren, welche Ideen du selbst ausprobieren wirst.

FINDE DEINE TRIGGERPUNKTE

Einige Ideen werden dich abschrecken, manche wirst du doof finden. Diese emotionalen Reaktionen und Gedanken sind normal, können aber durchaus auch aus alten Gewohnheiten und Mustern stammen, die du nun ablegen kannst. Gerade Ideen, die dich triggern, bei denen du unmittelbare Ablehnung, Angst oder Belustigung empfindest, solltest du genauer für dich prüfen. Was steckt dahinter? Oft sind es gerade diese Triggerpunkte, die uns zeigen, wie wir uns im Moment am besten weiterentwickeln und wo wir den größten Fortschritt machen können.
Oft helfen schon kleine Shifts, also minimale Veränderungen, damit aus einer Idee, die du spontan eigentlich ablehnst, ein für dich passender Entwicklungspunkt wird.

Etablierte Routinen

Menschen, die super nah rankommen an Zero Waste und plastikfrei, haben in ihrem Leben Routinen etabliert, die vom durchschnittsdeutschen Standard abweichen. Obwohl viele genau dieser Routinen früher normal waren. Was heißt das konkret? Sie tendieren bei Lebensmitteln zu Basics statt Fertigem, also frisches oder eingelagertes Gemüse und Obst, trockene Vorräte wie Reis, Nudeln, Mehl und Hülsenfrüchte. Für diese Basics haben sie sich leckere, einfache Rezepte angeeignet und wissen, wie sie sie clever im Alltag verarbeiten. Sie wissen, was ihnen schmeckt, und lassen weg, was nicht passt. Dadurch vermeiden sie Foodwaste. Für Ideen und Tipps von außen sind sie offen – und integrieren diese, um sich das Leben schöner, leckerer und einfacher zu machen.

BEHALTE DIESE FRAGEN IM HINTERKOPF

— Was spricht dich an, was findest du gut?

— Welche Ideen passen perfekt, welche kannst du einfach so für dich mitnehmen?

— Wo sind deine Triggerpunkte?

Verlegenheitskäufe mit hungrigem Magen sind passé, wenn du offen bist für neue Ideen.

Gut gewappnet

Beim Einkaufen treffen diese Menschen ihre Entscheidungen so, dass sie die Ware ehrlich zufrieden und guten Gewissens nach Hause bringen können. Sie wissen, was sie wollen und an welcher Stelle sie ins Regal oder in die Auslage greifen. Sie kennen die Bereiche im Laden, die sie getrost ignorieren können, weil dort nichts angeboten wird, was sie glücklich macht.

Wenn sie zu Hause der Hunger überfällt, sind sie gewappnet: Einen schnellen, müllfreien Snack haben sie parat, die Obstschale ist attraktiv gefüllt, im Kühlschrank wartet ein Joghurt im Mehrwegglas oder es steht im Vorratsregal eine Dose selbst gebackener Kekse bereit. Außerdem haben sie eine kleine, aber feine Auswahl an Ideen für Snacks, die mit vorhandenen Zutaten schnell zuzubereiten sind, wie Grießbrei mit Apfelmark oder Waffeln mit eingemachten Kirschen.

In Ruhe essen mit richtigem Geschirr

Diese Menschen sind es sich wert, in Ruhe zu essen und zu trinken. Auch unterwegs genießen sie die Lebensmittel, die sie konsumieren, und gönnen sich selbst für einen Kaffee lieber eine kurze Pause, statt ihn „to go" und nur nebenbei abzuhaken. Sie wissen um die Erholung, die sie sich im Alltag dadurch verschaffen, und genießen diese Einheiten ganz bewusst. Ihre Mahlzeiten sind auf klassischen Tellern aus Keramik oder Porzellan angerichtet, egal ob zu Hause oder unterwegs. Sie kommen gar nicht erst in die Verlegenheit, Plastik-, Alu-, Polystyrol- oder auch Karton-Wegwerfverpackungen anzunehmen, sondern essen direkt vor Ort im Restaurant oder einer anderen Location. Dort nutzen sie außerdem Metallbesteck, echte Gläser und Tassen aus Keramik oder Porzellan. Wenn sie häufig auswärts essen, sparen sie dadurch große Mengen an Müll.

1. Warmes Essen für unterwegs? Kein Problem mit einem Thermosbecher.

2. Auch die klassische Vesperbox ist schnell gefüllt.

3. Zu Hause gibt's den leckersten Kaffee? Nimm ihn mit.

To-go-Snacks von zu Hause

Einige nehmen sich ihre Mahlzeiten von zu Hause mit. Dabei sind sie mit der Vorbereitung schnell wie der Blitz, denn sie verfügen über ein bestimmtes Repertoire an Varianten für ihr selbstgemachtes Essen „to go", wie süßer Milchreis, herzhaftes Taboulé oder Salat, und haben notwendige Zutaten im Vorrat. Manche sparen sich die Arbeit komplett, indem sie beim Abendessen bereits den nächsten Tag mitdenken, einfach etwas mehr zubereiten und direkt im Glas mit Schnappdeckel zum Mitnehmen bereitstellen. Das unterwegs zusätzlich zu transportierende Gefäß ist ihnen weder zu schwer, noch zu sperrig – im Gegenteil. Das zusätzliche Gewicht erhöht den Trainingseffekt bei Strecken, die sie zu Fuß oder mit dem Fahrrad zurücklegen. Bei Strecken, die sie motorisiert zurücklegen, kommt es ihnen auf einen Gegenstand mehr oder weniger sowieso nicht an.

Von der Hand in den Mund

Wenn sie unterwegs essen wollen, aber weder über Zeit zum Hinsitzen, noch über eine Portion mitgebrachter Lebensmittel verfügen, lassen sie sich im Laden einen Snack direkt auf die Hand geben. Sie entscheiden sich dabei für wenig oder keinen Müll – dafür für ein gutes Gewissen. Mit Kreativität und Mut reduzieren sie selbst beim Kauf typischerweise verpackter Speisen und Getränke die anfallende Müllmenge. Neben der Brezel ohne Tüte haben sie sich zum Beispiel schon Döner in ein mitgebrachtes Bienenwachstuch und belegte Semmel in eine Stoffserviette über die Theke geben lassen. Einen Snack zu finden, der ohne Müll und Plastik zu haben ist, gelingt ihnen immer leichter, denn sie haben für verschiedene Optionen konkrete Snackideen im Kopf: Supermarkt? Obsttheke! Italienisches Restaurant? Belegte Panini! Asia-Imbiss? Frühlingsrollen. Mit einem

1. Immer mehr Lebensmittel sind im Mehrwegglas erhältlich.

2. Selbst Sheabutter gibt es im Pfandglas.

Stoffbeutelchen oder einem feinen Stofftuch, das sie standardmäßig in der Tasche haben und nach Gebrauch waschen, improvisieren sie die letzten Müllquellen einfach weg.

Was den Müll macht

Diese Menschen mit ihren fast leeren Mülltonnen haben entdeckt, dass speziell tierische und Ersatzprodukte große Mengen Verpackungsmüll mit sich bringen, also Milchprodukte, Wurst- und Fleischwaren, sowie vegane Alternativen. Ihnen ist bewusst, dass genau diese Produkte eine effiziente Stellschraube für weniger Müll und Plastik bilden. Wo man sie kauft, und auch ob man sie kauft, sind wichtige Überlegungen für sie. Um Müll und

Plastik zu reduzieren und auch aus gesundheitlichen Gründen achten sie darauf, insgesamt möglichst wenig dieser Produkte zu konsumieren. Diejenigen Lebensmittel dieser Kategorie, die sie bewusst kaufen,

---

WECKGLÄSER

Weckgläser sind vielfältige und geniale Tools. Sie schlummern ungenutzt in zahlreichen Haushalten. Frag im Familien- und Freundeskreis nach.

besorgen sie an Orten, wo Müll vermieden und Plastik äußerst sparsam eingesetzt wird. Zudem bringen sie eigene Behältnisse mit, um sich die Ware direkt an der Theke unverpackt übergeben zu lassen. Milchprodukte und seit Kurzem auch Milchersatzprodukte kaufen Zero-Waste'ler und -Waste'lerinnen im Mehrwegglas. Dadurch sparen sie über Monate und Jahre gesehen gigantische Berge an Tetrapak(C), Kunststoffbechern etc.

Wasser trinken sie aus der Leitung oder nutzen einen Sprudler, um Leitungswasser mit Kohlensäure zu versetzen. Getränkekisten oder Sixpacks zu schleppen und (Mineral-)Wasser zu kaufen fällt für sie einfach weg.

Diese müllfrei lebenden Menschen haben außerdem erkannt, dass ungesund und in Plastik verpackt oft Hand in Hand gehen. An Regalen mit Schokoriegeln u. Ä. können sie daher ganz entspannt vorbeigehen. Sie freuen sich, gesund zu leben und der Umwelt Gutes tun zu können. Frischhalte- und Alufolie brauchen diese Menschen im Haushalt übrigens nicht. Sie nutzen die Gefäße und das Geschirr, das sie ohnehin zu Hause haben, und ergänzen bei Bedarf clever, ohne Überfluss zu generieren. Beim Abdecken von Essensresten improvisieren sie, indem sie auf tiefe Schalen einen Teller legen oder anders herum. Auch Bienenwachstücher nutzen sie, um angebrochene Lebensmittel einzupacken oder abzudecken. Die angeschnittene Zwiebel wartet im kleinen Weckglas mit lose aufliegendem Deckel auf ihren Einsatz. Für Lebensmittel mit starkem Eigen-

geruch, wie zum Beispiel Käse, bieten sich Bienenwachstücher weniger an, da sie Gerüche annehmen können. Glas oder Edelstahl sind hier perfekt.

Mach nur das, was für dich geht!

Wichtig an dieser Stelle: Betreibe unter dem „Zero Waste und plastikfrei"-Deckmantel bitte keine Selbstkasteiung! Du liebst Pralinen und willst gerade nicht darauf verzichten? Dann bleib erst mal dabei. Entscheide dich bewusst und genieße sie. Vielleicht merkst du in einiger Zeit, dass du dich davon wegentwickelt hast, und findest eine perfekte, müll- und plastikfreie Alternative. Möglicherweise entdeckst du eine Konditorei und gönnst dir dort deine Pralinen? Achtung, Mutprobe: Lass dir die Ware in ein mitgebrachtes Gefäß verpacken. Oder du lernst, köstliche Pralinen selbst herzustellen.

Improvisationstalent und wenige, achtsam gewählte Neuanschaffungen bilden die Grundlage für deinen Weg zu Zero Waste.

Sprießen wie Pilze aus dem Boden: Unverpacktläden gibt es überall in Deutschland und weltweit.

EINKAUFEN MÖGLICHST UNVERPACKT

Du würdest ja gerne in einem Unverpacktladen einkaufen. Aber es gibt keinen in deiner Nähe? Nicht verzweifeln. Hier findest du Anlaufstellen!

Unverpacktläden

Unverpacktläden sprießen seit wenigen Jahren wie Pilze aus dem Boden. Auf der Internetseite des Unverpackt-Verbandes findest du eine Übersichtskarte, die ständig aktualisiert wird. Sie zeigt alle bestehenden Unverpacktläden und sogar all jene in Planung. Nutze das Internet zur Recherche. Gib in die Suchmaschine, z. B. in die alternative Suchmaschine Ecosia, „unverpackt" und „[deine Stadt]" ein. Was dir hier vorgeschlagen wird, begegnet dir teilweise auch über die oben genannte Karte des Unverpackt-Verbands. Darüber hinaus hast du die Chance auf lokale Insider-Tipps, die dich in Richtung Zero Waste beim Einkaufen voranbringen.

Eine wahre Fundgrube ist auch die Facebook-Gruppe „Plastikfrei leben Tipps & Tricks" mit über 56.000 Mitgliedern. Tritt bei und nutze innerhalb der Gruppe die Suchfunktion. Gib den Namen deiner Stadt ein – oder, wenn du auf dem Land wohnst, den Namen der nächstgrößeren Stadt. Die Suchergebnisse bringen dich zu Menschen, die dir vielleicht schon einen Schritt voraus sind und dich mit guten Vor-Ort-Tipps zum Unverpackt-Einkaufen versorgen können. Frage sie nach ihren Erfahrungen.

Auch über Instagram kannst du wertvolles Wissen anzapfen. Gib ins Suchfeld einen der Begriffe „unverpackt", „zero waste" oder „plastikfrei" ein und dazu den Namen deiner Stadt, also beispielsweise: „unverpackt Stuttgart". Hinter den Profilen, die dir daraufhin vorgeschlagen werden, stecken mit hoher Wahrscheinlichkeit Menschen, die dir konkrete Vor-Ort-Tipps geben können. Trau dich und frag einfach bei einigen von ihnen an. Wichtig: Bei Instagram macht es einen Unterschied, ob du in der Suche zuerst deine Stadt und dann einen weiteren Suchbegriff eingibst oder umgekehrt. Suche nacheinander nach beiden Varianten.

Wochenmärkte

Ein heißer Tipp zum Einkauf unverpackter Lebensmittel sind Wochenmärkte. Um herauszufinden, wann und wo in deiner Umgebung Wochenmärkte stattfinden, rufst du kurz beim Bürgerservice deiner Kommune an und fragst nach. Wichtig: Gerade in größeren Städten gibt es Wochenmärkte an unterschiedlichen Tagen in verschiedenen Stadtbezirken. Mach dir selbst ein Bild, indem du bei den verschiedenen Märkten vorbeischaust. Möglicherweise versorgt dich der eine Markt mit wertvollem Bio-Gemüse ohne jede Verpackung, während du auf einem anderen Antipasti oder griechische Spezialitäten direkt in mitgebrachte Gläser abfüllen lassen kannst. Achtung: Wenn du auf dem Wochenmarkt einkaufst, weil du regionale Produkte essen möchtest, solltest du dir einen Überblick über die verschiedenen Stände und die angebotene Ware verschaffen. Viele Landwirte verkaufen eigene Ware am Stand,

während einige Anbieter vielmehr als Händler agieren und zugekaufte Ware auch von weit her anbieten.

Hofläden, SoLaWi, Mühlen

Hör dich um oder recherchiere online, wo du in deiner Ecke Hofläden findest. Sie sind angegliedert an landwirtschaftliche Betriebe und haben oft eine tolle Auswahl eigener, selbst produzierter Waren. Sei neugierig und frag nach, was direkt vom Hof kommt. Bitte darum, die Ware lose zu erhalten. Als Anlaufstelle für deine Recherche nach Hofläden in deiner Nähe empfehle ich dir die Anbauverbände Demeter, Bioland und Naturland. Auf ihren Internetseiten haben die Verbände jeweils ein Verzeichnis oder eine Karte mit angeschlossenen Höfen, wo du Kontakte in deiner Umgebung finden kannst. Wenn nicht angegeben ist, ob ein Hofladen zum Betrieb gehört, ruf einfach an und frag nach. Es könnte dein neuer Lieblingsladen darunter sein.

Die sogenannten solidarischen Landwirtschaften, **SoLaWi,** sind eine großartige Möglichkeit, an unverpackte, lokal, fair und transparent produzierte Lebensmittel zu kommen. Glücklicherweise sprießen sie ebenso wie die Unverpacktläden wie Pilze aus dem Boden.

Plastikfrei verpackte Trockenware, Öle und andere Lebensmittel findest du mit etwas Glück auch bei einer **Mühle** in deiner Nähe. Hier hast du außerdem die Chance, aus Schütten oder in Form von papierverpackten Großgebinden einzukaufen. Sollten dir diese zu groß sein, kaufe mit Freunden gemeinsam ein und teilt euch die Ware.

Recherchiere nach neuen Anlaufstellen.

Mühlen verpacken oft in Papier statt Plastik.

FINDE DEINE SOLAWI

unter www.solidarische-landwirtschaft.org/solawis-finden/ karte oder suche online nach: solawi + [deine Stadt]

Aufgabe für dich

Was landet tatsächlich in deinen Mülltonnen oder -säcken? Vorstellung und Realität gehen hier häufig auseinander. Verschaffe dir mithilfe dieser Anleitung ein realistisches Bild deines persönlichen Müllbergs und finde heraus, welches deine größten Stellschrauben für weniger Plastik und Müll sind.

MÜLLEIMER-SCAN

Wärmstens empfehle ich dir diese Übung: Scanne, was du tatsächlich in den Müll wirfst. Das ist großartig, weil du mit den daraus gewonnenen Erkenntnissen ganz effizient an der Stellschraube zu weniger Müll in deinem Haushalt drehen kannst. Wenn du es wirklich zu weniger Müll schaffen willst, solltest du wissen, an welchen Stellschrauben es sich zu drehen lohnt. Hiermit findest du sie heraus. Außerdem sparst du dir Zeit und Nerven mit Umsetzung von Kleinigkeiten, die dich nur schleppend voranbringen und dir keine echten Ergebnisse liefern würden. Nach dem Mülltonnen-Scan weißt du ganz genau, was du wegwirfst und wo du Müll in großen Mengen verursachst. So kannst du zunächst mit diesen Punkten beginnen und hier Alternativen entwickeln, bevor du dich in weiteren Schritten den aktuell weniger bedeutenden Punkten widmest. Beobachte und notiere in den nächsten Tagen, was du in deine Mülltonnen und -säcke gibst. Dabei ist zunächst egal, um welche Art von Müll es sich handelt. Führe eine Liste für alles. Einzige Ausnahme: Markiere mit einem Farbstift bitte alle weggeworfenen Dinge, die ganz oder teilweise aus Plastik bestehen,

Wirf einen neugierigen Blick in deine Mülleimer. Notiere, was du tatsächlich entsorgst.

sodass sie dir direkt ins Auge stechen, wenn du deinen Erfassungsbogen zur Hand nimmst. Halte fest, wenn du bestimmte Verpackungen häufiger wegwirfst. Führe dazu hinter dem jeweiligen Begriff eine Strichliste, also zum Beispiel: Spaghettiverpackung III, wenn du drei Packungen Spaghetti verbraucht und die Verpackung in den Müll gegeben hast. Alle Punkte, die mehrfach auftauchen, zählen zu deinen großen, effizienten Stellschrauben. Verkürzen kannst du diese Beobachtungsaufgabe, indem du dir jetzt den Status quo deines Hausmülls genau anschaust und alles notierst, was sich im Moment in Tonnen und Säcken befindet. Vorausgesetzt natürlich, du ekelst dich nicht davor, deinen eigenen Müll zu durchstöbern. Je konsequenter du diese Beobachtungsaufgabe jetzt machst, sei es über einige Tage hinweg oder als verkürzte Momentaufnahme, desto effizienter wirst du im nächsten Schritt deinen Müll reduzieren und stolz auf deine geleistete Arbeit sein können. Los geht's!

DEINE INDIVIDUELLE CHECKLISTE

Das Prozedere kennst du ja bereits. Übertrage die für dich wichtigen Punkte aus dem Mülleimer-Scan in deine persönliche Checkliste. Nutze zur Inspiration auch die Checkliste „7 Musthaves für deine Einkäufe und Vorräte". Gönn dir eine Plus-Minus-Analyse für weitere Aspekte.

MÜLLEIMER-SCAN

Gegenstand, Material (Plastik farbig hervorheben)	Menge, Häufigkeit	Hier fällt besonders viel an
		☐
		☐
		☐
		☐
		☐
		☐
		☐
		☐
		☐
		☐

INDIVIDUELLE CHECKLISTE

☐
☐
☐
☐
☐
☐
☐
☐
☐

Inspirationen zu deiner Aufgabe

Kaufe vorausschauend ein und lege Vorräte an, damit du nicht ständig spontan – also ohne deine Beutel, Dosen und Gläser – einkaufen gehst. Nimm stabile Taschen und Körbe für das zusätzliche Gewicht, nutze einen Fahrradanhänger. Oder füll dir die trockenen Basics im Laden für den Transport in leichte Stoffbeutel.

7 MUST-HAVES FÜR DEINE EINKÄUFE UND VORRÄTE

Die Grundausstattung an Behältnissen zum Einkaufen ist überschaubar und vielfältig einsetzbar. Kauf dir zunächst einen kleinen Bestand und improvisiere mit vorhandenen Dosen und Beuteln. Schnell merkst du, von was du evtl. mehr brauchst. Und schon kann es losgehen!

Welche Lieblingsgerichte kannst du mit unverpackten Lebensmitteln zaubern? Kaufe dafür ein und stell die Freude in den Vordergrund.

MUST-HAVES ALS INSPIRATIONEN

☐	Vorratsgläser oder Dosen	für trockene Basics und zum Aufbewahren von angeschnittenen Zwiebeln, Käse, übrig gebliebenen Essensportionen; dicht schließend und am besten einheitlich, z. B. Weck-Gläser, Gläser mit Schnappdeckel oder (gratis-Version) große Schraubgläser von Apfelmark, Brechbohnen, ...
☐	Stoffbeutel	zum Einkaufen von Obst, Gemüse, Backwaren; mein Favorit ist naturtasche.de
☐	Bienenwachstuch	zum Abdecken und Einschlagen von Lebensmitteln; möglichst groß; Käse immer im selben Tuch einschlagen (Geruch!)
☐	Apothekergläser	speziell für Kräuter und Gewürze; Braunglas schützt die Aromen vor UV-Licht
☐	Hier kann ich unverpackt einkaufen:	
☐	2 Lieblingsrezepte aus Basics (herzhaft)	
☐	2 Lieblingsrezepte aus Basics (süß)	

Experimentiere mit Equipment wie Stoffbeuteln, Blech- und Edelstahldosen, Schraubgläsern, Papiertüten oder Bienenwachstüchern.

WOHNZIMMER

ENTSPANNT ZU HAUSE

Wähle die dich umgebenden Materialien achtsam und sorgsam aus, denn sie sind
wie eine zusätzliche Hülle für deinen Körper und für den deiner Mitbewohner.

Dein Wohlfühlraum für ein gesundes Leben

Mit welchen Materialien umgibst du dich in deinem Wohnzimmer? Dein Zuhause ist dir heilig, hier willst du gesund und zufrieden leben können. Wie sieht es mit den Materialien dort aus? Das nehmen wir jetzt mal genauer unter die Lupe.

FACHPERSONEN FÜR GESUNDES WOHNEN

Ganze Berufsgruppen beschäftigen sich mit Innenraumgestaltung und entscheiden darüber, welche Materialien in Innenräumen zum Einsatz kommen. Dazu zählen beispielsweise Architekten und Architektinnen, Raumausstatter und Raumausstatterinnen, Baubiologen und Baubiologinnen. Einzelne haben sich zusätzlich fundiertes Wissen zum Thema gesundes Wohnen angeeignet und kennen sich mit gesundheitlichen und ökologischen Auswirkungen von verschiedensten Stoffen gut aus. Gerade Baubiologie-Experten und -Expertinnen weisen darauf hin, dass gesundheitliche Beschwerden, die man über längere Zeit nicht in den Griff bekommt und deren Ursache unklar ist, durchaus mit den in Innenräumen verwendeten Materialien zu tun haben können. Kopfschmerzen, Müdigkeit, Konzentrationsstörungen, Atembeschwerden und andere Symptome können dazu zählen.

Du fühlst dich angesprochen und überlegst, ob du möglicherweise Schadstoffen und Materialien mit unnatürlichen Eigenschaften ausgesetzt bist, die deinem Körper nicht gut bekommen? Dann kann es Sinn machen, sich mithilfe einer Fachperson auf die Suche zu begeben und zu schauen, ob die Beschwerden mithilfe von Veränderungen in deiner unmittelbaren Umgebung aufgelöst werden können. Wende dich dazu beispielsweise an eine baubiologisch arbeitende Person, eventuell mit zusätzlicher Messtechnik-Qualifikation. Wichtig zu wissen: Der Begriff „Baubiologe/in" ist keine geschützte Berufsbezeichnung – theoretisch kann sich jeder und jede so nennen. Wende dich daher nur an Baubiologen und Biologinnen, die du über die beiden großen Baubiologie-Verbände findest, Web-Adressen siehe Infobox.

TIPP

Baubiologie-experten und -expertinnen findest du über baubiologie.net und baubiologie-verzeichnis.de

Wandoberfläche, Bodenbelag, Möbel, Teppich & Co.: Womit umgibst du dich?

FAUSTREGEL ZUM MERKEN

Als Faustregel gilt: Je ursprünglicher das Material, desto weniger Risiko bringt es für dich und deine Gesundheit mit sich. Bitte beachte, dass dir dieser Satz Orientierung liefert, das Mitdenken jedoch nicht erspart. Denn auch Naturstoffe können Schadstoffe beinhalten oder mit solchen belastet sein. Nichtsdestotrotz solltest du dir diese Faustregel merken, denn mit ihr kannst du dir viele Entscheidungen erleichtern, Fehlkäufe und Fehlinvestitionen reduzieren – sei es bei kleineren Anschaffungen, als auch bei Umbauten und Sanierungen am Haus.

Versuche in Zukunft bei jeder Neuanschaffung, dir die Faustregel ins Gedächtnis zu rufen. Findest du das Produkt, das du dir ins Haus holen willst, auch aus einem möglichst ursprünglichen Material? Hol dir ab jetzt im Idealfall nur noch Dinge ins Haus, von denen du auch materialmäßig ehrlich überzeugt bist.

HERSTELLER SIND AUSKUNFTSPFLICHTIG

Beim Kauf von Gegenständen wie Spielzeug, Autos oder Textilien sind die Hersteller übrigens in der Pflicht, bei Nachfrage Auskunft zu geben, ob in einem Produkt Stoffe zu mehr als einem Promille enthalten sind, die auf der Liste für besonders gefährliche Substanzen stehen. Diese Liste wird durch die EU zusammengestellt, das Auskunftsrecht ist verankert im europäischen Chemiegesetz REACH. Wenn du eine

Anfrage stellen willst, erleichtert dir die App Scan4Chem vom Umweltbundesamt den gesamten Prozess. Du scannst per App den Barcode eines Produkts und schickst die Anfrage los.

Einerseits ist dieses Recht auf Auskunft ein Meilenstein. Andererseits ist die Liste für besonders gefährliche Substanzen deutlich kürzer, als sie sein sollte: Bisher umfasst sie knapp über 200 Einträge, während die EU schätzt, dass zirka 1.500 Chemikalien als besonders gefährlich eingestuft werden müssten.

URSPRÜNGLICHE MATERIALIEN: WAS IST DAMIT GEMEINT?

Je ursprünglicher ein Material ist, desto weniger entfremdet ist es von den natürlich auf der Erde vorkommenden Materialien. Dem entgegen stehen künstlich hergestellte Materialien. Ein ursprüngliches Material ist auf der Erde niemals Müll. Erst durch Weiterverarbeitung durch uns Menschen entstehen gigantische Berge an künstlichen Materialien, die früher oder später als Müll bezeichnet und meist nur mit zusätzlichem Aufwand guten Gewissens der Erde zurückgegeben werden können – wenn überhaupt. Ein Tisch aus massivem Echtholz, unverleimt und unbehandelt, kann nach Entfernung der Schrauben theoretisch im Garten verrotten. Wenn du dagegen einen Tisch aus Pressspan, mit beschichteter Oberfläche in Holzoptik, im Garten liegen lässt, betreibst du Umweltverschmutzung und produzierst Mikroplastik, das sich in der gesamten Umgebung ausbreiten wird. Ob

du nun den Tisch aus künstlichen Materialien in deinem Garten liegen lässt oder zum Sperrmüll oder zerkleinert in den Restmüll gibst, macht für deinen Garten und wahrscheinlich auch für dein Gewissen einen großen Unterschied. Wie du im Kapitel „Einkauf und Vorräte" lesen konntest, ist aber leider auch in unserem Müllsystem nicht alles Gold, was glänzt.

Mit Sicherheit wird dein alter Pressspantisch irgendwo Schaden anrichten: Sei es auf einer Deponie außerhalb deines Gartens, kontrolliert in Deutschland oder unkontrolliert im weit entfernten Ausland. Oder in Form giftiger Schlacke und Abgase in der Müllverbrennung. Wer weiß außerdem, wie die kontrollierten Mülldeponien in Deutschland in einigen Jahrzehnten oder gar in Jahrhunderten funktionieren? Wer wird sich dann um den Müll kümmern, der auch dann noch Schadstoffe enthalten und eine Gefahr für Gesundheit und Umwelt darstellen wird?

Boden, Schienen und Zug aus Holz, aber mit unterschiedlich behandelter Oberfläche.

MÖBEL UND GEGENSTÄNDE AUS HOLZ

Eines der ursprünglichen Materialien ist Holz. Um später bei der Entsorgung Umweltschäden zu vermeiden und dich gesundheitlich während der Nutzungszeit zu Hause nicht zu belasten, solltest du dich für Echtholz entscheiden, frei von Klebern, Zusätzen und Oberflächenbehandlungen.

Echtholz oder Holzwerkstoff

Möbel und Holzgegenstände bestehen häufig aus Holzwerkstoffen – ganz oder teilweise.

Holzwerkstoffe wie Spanplatten können Bindemittel, flüchtige organische Verbindungen und Lösemittel enthalten, die ausgasen und die Raumluft in deinem Zuhause belasten können. „Obwohl in Deutschland einige Chemikalien verboten sind, können sie durch Importe aus Herkunftsländern, in denen es kein Verbot dieser Chemikalien gibt, dennoch in Holzwerkstoffen vorkommen", warnt das Umweltbundesamt. Es empfiehlt Spanplatten aus nachhaltiger Waldwirtschaft (Blauer Engel, natureplus, FSC, PEFC) mit möglichst geringen Ausgasungen (Blauer Engel,

MY HOME IS MY CASTLE

Gestalte dein Zuhause nach deinem Gusto.

1. Ältere Möbelstücke bestehen häufig aus Massivholz.

2. Kissenbezüge, -füllungen und Decken gibt's sowohl aus Kunst- als auch aus Naturfaser.

natureplus), sie sollten außerdem aus einheimischen Holzarten sein.

Um das Thema zu vereinfachen, fokussiere dich bei Neuanschaffungen auf Massivholz, wo immer möglich. Wenn du dir unsicher bist, achte auf Signalworte wie „Holzoptik". Bei zum Beispiel Schränken oder Bodenbelägen in Holzoptik handelt es sich typischerweise um einen Holzwerkstoff mit künstlich aufgebrachter Oberfläche nicht aus Holz, sondern aus einem wie Holz aussehenden, bedruckten Kunststoff.

Oberflächen

Du stehst nicht so sehr auf sichtbares Massivholz? Dann verwende zur Oberflächenbehandlung streng ökozertifizierte Öle, Lasuren oder Lacke, die frei sind von Bestandteilen auf Mineralölbasis.

Baumaterialien

Das wachsende gesellschaftliche Interesse an ökologischer Architektur ist eine wahre Freude. Denn durch die Verwendung von Holz im und am Haus entziehen wir –vereinfacht gesagt– der Atmosphäre CO_2 und speichern es langfristig in der Immobilienmasse. Laut Wissenschaftlern wie Hans Joachim Schellnhuber vom „Potsdam-Institut für Klimafolgenforschung" ist das eines der Potenziale im Hinblick auf den Klimawandel.

Um die Schadstoffbelastung in Innenräumen gering zu halten und für spätere Sanierungs- und Abbrucharbeiten keine gigantischen Berge an Müll und Sondermüll vorzuprogrammieren, solltest du bei allen verwendeten Baumaterialien auf möglichst natürliche und nachwachsende Stoffe setzen. Gerade Tapeten, Wandfarben, Dämmungen, Tür- und Fensterrahmen, Bodenbeläge etc. bieten dir die Chance zu entscheiden, wie nachhaltig, wie ökologisch und gesund du lebst und wirkst.

LANGFRISTIG DENKEN

Spare bitte nicht an der falschen Stelle und hole dir keine Schadstoffe ins Haus. Besser ist es bei Anschaffungen generell, aber auch bei Sanierungen und Neubauten auf höchste gesundheitliche und ökologische Qualität zu achten und, wenn nötig, an anderer Stelle Einsparungen zu generieren. Investiere in Gegenstände und Materialien, denen du zu 100 Prozent vertraust und mit denen du dich ehrlich wohlfühlst. Gerade auch das Weglassen und der Weg in ein minimalistischeres Leben sind hier Gold wert.

Deine erste Aufgabe im Wohnzimmer

Rund 95 Prozent der Deutschen fühlen sich zu Hause am wohlsten. Gehörst auch du dazu? Im Wohnzimmer geht's um Gemütlichkeit, Zufriedenheit, Ruhe und Entspannung, sozialen Austausch, vor allem um das Zuhausesein.

STARTE MIT DER HAPPY-HOME-MEDITATION

Deine erste Aufgabe zu diesem Modul ist die „Happy-Home-Meditation", die du als gratis Audio-Datei zum Anhören auf meiner Webseite findest. Nutze die Zeit des Anhörens, um ganz in deinem Zuhause und bei dir anzukommen. Finde ein Zeitfenster von 20 bis 30 Minuten, in dem du ungestört bist und Ruhe hast. Der Audio-Impuls ist eine Art Achtsamkeitsübung. Dabei lassen wir dieses Kapitel etwas aus der Reihe tanzen und stellen die Aufgabe für dich in die Mitte des Kapitels. Warum? Dein Zuhause soll so gestaltet sein, dass du dich dort pudelwohl fühlst. Dazu gehört, auf sich selbst zu achten, die eigenen Gedanken und Gefühle wahrzunehmen und genau zu beobachten:

Übe heute per Smartphone, Tablet oder Computer.

— Wo fühle ich mich wohl?
— Welche Emotionen tauchen wo auf?
— Womit verbinde ich positive Gefühle?
— Welche Dinge sind für mich negativ belegt?

Genau das findest du mithilfe der Audio-Übung heraus.

TIPP

Zur „Happy-Home-Meditation" gelangst du über www.laboratorium-nachhaltigkeit.de/happy-home-meditation

Haus- und Feinstaub in Innenräumen

Nicht unterschätzen sollten wir in unserem Zuhause das Thema Hausstaub. Einerseits gelangen feinste Partikel von außen in unsere Räume. Andererseits produzieren wir Haus- und Feinstaub selbst.

Durch den wachsenden Anteil an Schadstoffen anthropogenen Ursprungs auf der Erde ergibt sich ein steigendes Risiko, diesen Schadstoffen in unterschiedlichster Form im Alltag zu begegnen. Unter anderem sorgen Wind und elektrostatische Ladung dafür, dass Schadstoffe wandern und sich weltweit bis in die entlegensten Winkel verteilen. Die Fenster geschlossen zu halten, um von außen kommende, potenziell schädliche Stäube fernzuhalten, funktioniert jedoch nur bedingt, denn unsere Häuser und deren Ausstattung sind selbst Quellen für Stäube und Schadstoffe.

Stäube sind eine potenzielle Gefahr für den Körper, weil sie sich in den Atemwegen festsetzen (Grobstaub) oder über diese in den Körper gelangen können (Feinstaub). Kleinste Plastikpartikel spielen durch ihre elektrostatische Eigenschaft eine Sonderrolle, denn diese macht Plastikteilchen zu „Transportern" für andere Partikel und Schadstoffe.

DAS KANNST DU TUN

Langfristig wirst du versuchen, dein Zuhause auf Materialien umzustellen, die gesundheitlich und ökologisch unbedenklich sind. Kurzfristig darfst du dich auf Großmutters To-do, das Staubwischen, zurückbesinnen und auch den Staubsauger regelmäßig einsetzen oder feucht wischen. Trockenes Fegen mit dem Besen ist weniger empfehlenswert, da feine Stäube dabei eher aufgewirbelt als beseitigt werden.

Achte beim Sauger auf einen feinen Filter, sodass in der Abluft möglichst wenige Staubpartikel übrigbleiben. Um laufende Kosten und Müll zu reduzieren, schau bei der nächsten Staubsaugeranschaffung nach einem Gerät ohne zusätzlich einzusetzenden Staubsaugerbeutel, stattdessen mit Auffangbehälter.

1. Durch den Sauger werden Staubaufwirbelungen reduziert.

2. Weg ist weg: Staubsaugen lohnt sich auch für reinere Raumluft.

Zur Reduzierung von Staub in Innenräumen ist außerdem regelmäßiges Stoßlüften eine wirksame Maßnahme. Waagrechte Oberflächen wie Betten oder Sofas werden am besten draußen ausgeschüttelt oder ausgeklopft, Tische, Fensterbänke, Schrank- und Regaloberflächen mit einem feuchten Naturfasertuch abgewischt. Feuchtigkeit bindet Staubpartikel. Aus diesem Grund und auch aus Rücksicht auf deine Atemwege sollte sich der Luftfeuchtigkeitswert zwischen 40 und 60 Prozent einpendeln. Mit einem Hygrometer kannst du das leicht im Blick behalten – insbesondere während der Heizperiode im Winter, während der in vielen Haushalten die Raumluft zu trocken ist. Sollte der Fall eintreten, dass du über mehrere Tage zu niedrige Werte misst, improvisiere zunächst beispielsweise mit dem Trocknen von Wäsche in den Wohnräumen.

2

Ein minimalistischer Lebensstil sorgt nicht nur für Klarheit und Leichtigkeit, sondern ist auch förderlich zur Reduzierung von Hausstaub, da weniger Staubfänger herumstehen und das Saubermachen der Räume schneller und einfacher funktioniert.

Deine zweite Aufgabe im Wohnzimmer

Jetzt legst du die Seite eines Raumbuchs für dein Wohnzimmer an. Das ist ein wunderbares Werkzeug. Nutze es, um dir dein Zuhause so schön zu gestalten, wie du es dir schon immer erträumt hast. Vieles, was wir wollen, ist übrigens von ganz alleine da, wir müssen es nur freilegen.

LOS GEHT´S!

Als Architektin verwende ich Raumbücher, um Bestandsaufnahmen zu machen. Dabei stelle ich Raum für Raum fest, welche Materialien eingesetzt sind, wie die Räume aufgebaut und strukturiert sind, welche Maße und Dimensionen die Bauteile haben, welche besonderen Eigenschaften ein Raum hat und wie die Belichtung ist. All diese Aspekte kann man sehr gut in einem Raumbuch erfassen, um sich Klarheit zu verschaffen und gegebenenfalls später damit weiterzuarbeiten. Wir müssen nichts aus dem Nichts erfinden, sondern einfach nur das, was du dir wünschst, freilegen, in Form bringen, herausarbeiten.

Das Wohnzimmer „erfühlen"

Mit dieser Aufgabe lernst du, tiefer einzusteigen in das Erkennen und Erfassen von Materialien und Werkstoffen. Wenn dir das schwerfällt, sei unbesorgt:

Vielen meiner Kunden und Kundinnen geht es ähnlich. Je mehr du hinschaust, desto schneller wirst du zukünftig wissen, mit welchem Material du es zu tun hast. Höre dabei immer in dich hinein: Wie fühlst du dich, wenn du einen bestimmten Gegenstand oder Material siehst, anfasst, riechst? Was macht das mit dir, über geölte Holzdielen, Laminat oder PVC-Bodenbelag zu gehen? Streichst du gerne

über eine Woll-, Baumwoll- oder über eine elektrostatisch knisternde Polyesterdecke? Welche Farben tun dir gut? Wo bleibt dein Auge hängen?

Es geht nicht darum, alle Kunststoffe zu verteufeln, die du jetzt in deinem Wohnzimmer entdecken kannst. Wir zielen auch nicht darauf ab, ein Wohnzimmer zu schaffen, das in einem Designkatalog erscheinen könnte. Sondern es geht bei deinem

Wohnzimmer und bei deinem gesamten Zuhause darum, dass es dir ganz höchstpersönlich gut geht darin. Du darfst und sollst hier zufrieden und glücklich sein, deine innere Ruhe und Erholung finden. Dein Ziel sollte sein, dich mit möglichst vielen gesundheitsfördernden Faktoren zu umgeben – auf physischer, chemischer und psychologischer Basis.

Woran bleibt dein Blick hängen? Was lässt dich lächeln?

Notizen machen

Erfasse auf deinem Raumbuch-Bogen nun, was du bei der Audio-Übung (S. 102/103) beobachtet und wahrgenommen hast. Lasse die Zeit Revue passieren und fülle die Seite mit deinen persönlichen Notizen. Dabei helfen dir diese Fragen:

— Woran ist dein Blick hängengeblieben?
— Welche Materialien sind dir aufgefallen?
— Was siehst du in deinem Zuhause?

Sachen, Gedanken und Gefühle

Erfasse bitte einerseits das Sachliche, also was du im Raum selbst gesehen hast. Damit ist all das gemeint, was jetzt noch immer da ist, was du nach wie vor sehen kannst. Erinnere dich andererseits daran und notiere, welche Emotionen und Gedanken du vorhin bei dir beobachtet hast. Diese sind im Raum selbst nicht zu sehen, sondern befinden sich in dir. Idealerweise kannst du diese Gedanken und Gefühle zuordnen zu den Gegenständen, Materialien

und Bereichen in deinem Wohnzimmer.

Beispiel: Nach der Audio-Übung blieb dein Blick an deiner Sofadecke (**Sache**) hängen. Dabei fühltest du dich wohl (**Gefühl**) und hattest unmittelbar ein Lächeln im Gesicht, denn die Sofadecke verbindest du mit entspannter Erholungszeit nur für dich (**Gedanke**). Danach blieb dein Blick an einem Stapel Zeitschriften (**Sache**) hängen und du warst einen Augenblick lang gestresst (**Gefühl**), weil du weißt, dass dein Zeitschriftenstapel eigentlich eher eine To-do-Liste für dich ist: „Die kann ich noch nicht wegtun, das Rezept mit XY will ich noch testen. Und in dieser hier ist der Artikel über Z, den ich weitergeben will an ..." (**Gedanke**).

Wenn du sowohl Sachliches, als auch Gefühle und Gedanken festhältst, kannst du anschließend genau ableiten, was du tun musst, um dein Wohnzimmer für dich schöner zu machen. Außerdem wirst du dadurch bei den nächsten

größeren Veränderungen in deinem Wohnzimmer wissen, welche Dinge du auf jeden Fall behältst und welche du weiterziehen lässt. „Behalte, was dich glücklich macht" – dieser Satz der Japanerin Marie Kondo gilt nicht nur für deinen Kleiderschrank, sondern ebenso für dein Wohnzimmer und alle anderen Räume und Bereiche deines Zuhauses. Auch Dinge, die du nicht so einfach auf die Schnelle verändern kannst, solltest du unbedingt mit im Raumbuch erfassen. Dazu gehört der Bodenbelag, die Decken- und Wandoberflächen, Fenster, Heizung und so weiter. Mach dir deinen Status quo bewusst und halte ihn auf deinem Raumbuch-Bogen fest.

Um Ideen zu finden, wie dein Traum-Zuhause aussieht, sprenge deine gedanklichen Grenzen und tobe dich so richtig aus: Sammle Ideen und Inspiration auf Online-Plattformen wie Pinterest. Kreiere dein individuelles Visionboard, eine Collage aus Fotos, Worten und Skizzen.

UNTERWEGS

LIEBLINGSSTÜCKE

Langlebige, hochwertige Gegenstände sind treue Begleiter. Entscheide
dich auch im Alltag für echte Lieblingsstücke.

___

Ausstattung für unterwegs

Zu Hause kannst du leicht bestimmen und gestalten, frei nach „your home is your castle". Aber auch unterwegs sind Müll und Plastik wichtige Themen. Dieses Kapitel unterstützt dich dabei, für dich einfach zu ändernde Punkte zu sehen und Veränderungen zu wagen.

WAS NIMMST DU MIT, WENN DU DEIN ZUHAUSE VERLÄSST?

Handtaschen & Co.

Standardmäßig greifen wir, wenn wir aufbrechen, zu einem Gepäckstück. Frag dich, aus welchen Materialien deine Handtasche, dein Rucksack oder Beutel besteht. Selbst hochwertige Ware ist nicht per se umweltfreundlich oder gesund, schon gar nicht plastikfrei oder kompostierbar. Handtaschen aus Kunstleder beispielsweise kannst du am Schluss in die Restmülltonne werfen (ideal wäre der Komposthaufen), außerdem sind sie schwierig oder gar nicht reparierbar. Lege stattdessen deinen Fokus auf langlebige Naturmaterialien, bevorzugt bio. Leder sollte nur chromfrei und pflanzlich gegerbt und schwermetallfrei, natürlich gefärbt sein, um dem Zero-Waste-Aspekt gerecht zu werden. Faire Herstellung und Tierwohl sind weitere Aspekte. Lieber eine hochwertige, vielleicht teure Ökotasche, als sieben kaum genutzte.

Stell dir generell bei Neuanschaffungen diese Fragen:
— Hat das hier Potenzial zum Lieblingsteil?
— Wie lange ist das wohl nutzbar?
— Könnte ich es am Ende guten Gewissens auf der Erde oder im Kompost verrotten lassen?
Mir selbst ist enorm wichtig, die Dinge, die ich besitze, von Herzen gerne zu verwenden, und beim Rausgehen alles schnell zur Hand zu haben. Wenn ich Neues anschaffe, bin ich äußerst wählerisch und warte auf „das Richtige". Allein dadurch schaffe ich es gar nicht, ein Sortiment an Handtaschen aufzubauen. Ich besitze genau eine einzige. Übrigens auch nur eine einzige Jeans. Und weißt du, was? Ich genieße diese minimalistische Ausstattung sehr. Sie vereinfacht den Alltag, spart Zeit und macht mich glücklich, weil es sich um Lieblingsstücke handelt. Gleichzeitig schlummern eher wenige, ungenutzte Ressourcen und der Materialdurchlauf ist gering: Ich schmeiße nur selten Gebrauchsgegenstände weg.

Equipment und Krimskrams

Für Portemonnaies kannst du dich an den Basics für Handtaschen orientieren (siehe oben).

Packe ab sofort immer ein Stoffbeutelchen mit ein, sodass du an der Bäckertheke auf die Brezeltüte oder im Laden auf das Plastikbeutelchen verzichten kannst. Wähle einen Stoffbeutel, der dir gefällt, und gib dafür lieber ein bisschen mehr aus – es wird dein neuer Dauerbegleiter. Mein Favorit ist ein Zugbeutel aus hauchdünnem Bio-Baumwollstoff, der sich anfühlt wie Seide (Lieblingsteil!).

Vielleicht bist du bereit, auf Stofftaschentücher umzustellen. Wenn nicht, kannst du zumindest Taschentücher aus 100 % Recyclingpapier aus der Kartonbox nutzen, so sparst du das Verpackungsplastik. Für unterwegs faltest du dir ein paar grob zusammen und steckst sie in ein Seitenfach deiner Handtasche oder in ein kleines Taschentuch-Täschchen, das du selbst nähst (Anleitungen online) oder fertig kaufst.

1

1. Edelstahlflasche, Box und Beutel sind oft mit mir unterwegs.

2. Statt Handcreme aus der Tube auch unterwegs ein Pflege-Ei nutzen.

2

Wenn dich draußen der Hunger überfällt

Erwischt dich das Hungergefühl immer wieder plötzlich und unerwartet, und du findest dich zähneknirschend wieder, wie du irgendwo einen verpackten Snack kaufst? Rein biologisch ist unser Hunger ja etwas ziemlich Berechenbares: Er taucht in regelmäßigen Abständen auf.

Wenn du also das Haus verlässt, kannst du bereits einschätzen, ob du unterwegs etwas zu Essen brauchen wirst oder rechtzeitig wieder zurück zu Hause bist. Dort hast du dich inzwischen sicherlich gut eingerichtet mit Vorräten, die dich bei Zero-Waste-Cooking unterstützen.

Verschaffe dir zunächst einen Überblick, indem du dir die bevorstehende Woche vorstellst. Welche Zeitfenster sind bereits klar? Wann bist du zu Hause, wann unterwegs? Zu welchen Zeiten ist dein Körper es gewohnt etwas zu essen? Du weißt nun, wie viele und welche Mahlzeiten außer Haus anstehen und kannst dich darauf vorbereiten. Plane für genau diese Einheiten möglichst genau die nächste Woche vor. An welchem Ort wirst du sein? Welche Möglichkeiten zum Kauf

Der Hunger wird kommen – sei bereit.

von Lebensmitteln gibt es dort? Oder kannst du eine Mahlzeit vorrichten und mitnehmen?

ESSEN TO-GO – MAHLZEITEN VON ZU HAUSE MITNEHMEN

Ein Schnappglas oder Lunchglas mit Drahtbügelverschluss mit zirka 600 Milliliter Fassungsvermögen ist das perfekte Tool gegen die Ausrede, keinen geeigneten Behälter zu haben. Mit etwas Neugier und Kreativität wirst du über die nächsten Wochen leckere, schnell zuzubereitende To-go-Rezepte finden. Nimm dir jedoch nicht zu viel auf einmal vor. Wenn du bisher im Schnitt vier Mittage außer Haus isst und die Mahlzeiten fertig zubereitet kaufst, ginge eine sofortige und komplette Umstellung aufs Selbermachen möglicherweise schief. Starte mit einem Tag pro Woche. Achte darauf, dass dir die To-go-Mahlzeiten richtig gut schmecken. Nur so hältst du auf Dauer deine Motivation hoch.

GUTEN GEWISSENS UNTERWEGS ESSEN, OHNE ES SELBST VORZU- BEREITEN

Klar, nicht jede oder jeder hat immer Lust und Zeit, zu Hause eine komplette Mahlzeit vorzurichten. Was kannst du tun, um trotzdem Müll zu vermeiden?

– **Setz dich zum Essen:** Statt einen dick verpackten Imbiss auf die Hand zu kaufen, gönn dir eine Pause und setz dich zum Essen ins Restaurant oder ein Bistro. Dadurch schrumpft nicht nur der durch dich verursachte Müllberg, sondern auch dein Stresslevel.

– **Plane einen Anlaufpunkt:** Wenn du beim besten Willen keine Zeit hast für eine echte Essenspause, wählst du einen Anlaufpunkt, an dem du eine Mahlzeit kaufen kannst, die möglichst wenig Verpackung erfordert; beispielsweise Vegi-Döner statt Asia-Box. Den bestellst du ohne Alufolie und Serviette, stattdessen

1. In Ruhe essen statt Snack auf die Hand, das spart Müll und lädt deine Akkus auf.

2. Für den kleinen Hunger tut's auch ein Stück Obst – unverpackt.

1 | 2

packst du ihn an der Theke direkt in dein mitgebrachtes Bienenwachs- oder Stofftuch.

— **Brötchen oder Obst?** Unverpacktes findest du im klassischen Supermarkt vor allem in der Obst- und Gemüseabteilung. Mit einem Brötchen, unverpackt über die Theke gereicht und im Stoffbeutelchen verstaut, kann man durchaus mal eine Mahlzeit gestalten.

— **Mutprobe:** Beim Essen in Bistros und Restaurants bittest du um Weglassen von Wegwerfequipment wie Servietten, Plastikbesteck oder Röhrchen. Du bist allzeit bereit mit einem kleinen Set aus Stofftäschchen, Stoffserviette und klassischem Besteck. Angemessen und nahbar formuliert wird dir kaum eine Kellnerin oder ein Kellner die Nutzung verbieten.

— **Vorsicht, Risiko für Klugscheißerchen-Stempel:** Interessiere dich dafür, in welcher Verpackung eigentlich die Rohstoffe fürs Essen in deinem Lieblingsrestaurant besorgt werden.

Mit ein bisschen verbalem und körpersprachlichem Feingefühl schaffst du es, den guten Draht zur Bedienung zu halten oder sogar Bonuspunkte zu sammeln. Vorteil: Du findest nicht nur heraus, ob du durch deinen Konsum hinter den Kulissen für Müllberge sorgst bzw. wie groß diese sind, sondern setzt dein Gegenüber in Kenntnis, dass dir als Kunde oder Kundin das Thema wichtig ist.

> **TIPP**
> 10 leckere, gesunde Rezepte für Mahlzeiten im Lunchglas findest du unter
> www.laboratorium-nachhaltigkeit.de/essen-to-go

Aufgabe für dich

Sobald wir unser Zuhause verlassen, sind wir typischerweise umgeben von anderen Menschen – bekannt oder unbekannt. Vielen von uns ist es super unangenehm, aus der Reihe zu tanzen, wenn andere zuschauen. Daher wählst du dir als Aufgabe fürs Kapitel „Unterwegs" eine Mutprobe aus.

STOFFBEUTEL BEIM BÄCKER – FORDERT DICH DAS HERAUS?

Manchen Menschen bereitet es schon ein unangenehmes Gefühl, beim Bäcker an der Theke das Brot unverpackt entgegenzunehmen und in den mitgebrachten Stoffbeutel zu stecken. Anderen ist das völlig wurscht. Wie geht's dir mit dieser Vorstellung? Wenn du dich allein beim Gedanken an diese Situation unwohl fühlst, stelle dich deiner Angst und nutze die Chance. Wachse über dich hinaus! Sei dankbar, dich weiterzuentwickeln, freier zu werden und freue dich über das Glück nicht im Standard X stecken zu bleiben. Genau das ist Persönlichkeitsentwicklung.

Ohne Tüte, bitte. Dein neues Level?

FÜR FORTGESCHRITTENE

Sollte dir die Vorstellung dieser Situation keinerlei Unwohlsein oder Angst bereiten: Finde eine andere Aufgabe. Wichtig ist, dass sie dich ein Stück aus deiner Komfortzone lockt. Wenn sich's normal anfühlt, setze die Idee trotzdem um (du willst ja in erster Linie Müll und Plastik reduzieren), und überlege weiter, was sich für dich nach „Challenge" anfühlt. Im Text oben habe ich dir bereits einige Ideen geliefert.

EIN WEG IN EINE SCHÖNE ZUKUNFT

Was sich anfangs weit und wild und vielleicht ein bisschen fremd anfühlt, ist bald vertraut.
Geh deinen Weg Schritt für Schritt weiter und hab Vertrauen. Ich bin sicher, du wirst belohnt!

Die Komfortzone verlassen

Wenn wir uns dazu entscheiden, etwas anders zu machen – anders als andere, anders als bisher, so wie du aktuell mit Müll und Plastik –, dann kostet uns das Energie. Andererseits gewinnen wir durch Veränderungen immer dann riesige Mengen an Energie dazu, wenn unser Verstand weiß und unser Herz fühlt, dass es so genau richtig ist. Wir fühlen uns frei, beflügelt und glücklich.

MUT UND VERÄNDERUNGSFREUDE

Die gesellschaftlichen Herausforderungen, vor denen wir stehen, erfordern Veränderungsfreude, Beharrlichkeit und eine große Portion Mut. Wir werden uns als Gesellschaft nur dann weiterentwickeln, wenn wir uns auf den Weg machen. Wenn jeder an seinen und jede an ihren Stellschrauben dreht. Dabei stoßen wir manchmal schneller an unsere Grenzen, als uns lieb ist. Genau in diesen Situationen ist es entscheidend, dass wir uns nicht in unsere Komfortzone einkuscheln und uns die phantasievollsten Ausreden einfallen lassen, warum genau diese eine Sache für uns leider nicht funktioniert. Stattdessen sind wir als erwachsene Menschen, als Vorbilder für unsere Kinder und als Verantwortung Tragende für alle nachkommenden Generationen in der Pflicht, unsere persönlichen Grenzen wahrzunehmen und unser Leben bewusst zu gestalten. Du musst nicht permanent außerhalb deiner Komfortzone leben (das ist auf Dauer auch gar nicht gesund). Nimm stattdessen deinen Verstand und dein Herz zusammen, schau und spür hin und dann tu, was getan werden muss. Selbst, wenn es heute „nur" der Stoffbeutel für eine Brezel ist. Du wirst sehen: Je bewusster du dich entscheidest, je ehrlicher du deine Ausreden erkennst, je mehr du übst und je öfter du es wagst deine Grenzen zu sprengen, desto zufriedener und ruhiger wirst du sein.

Sieh dein Leben als eine kontinuierliche Weiterentwicklung an. Wir Menschen sind dafür gemacht uns zu verändern und anzupassen, unserem inneren Kompass zu folgen, zu reagieren auf das, was von außen auf uns einwirkt, und gleichzeitig aus unserem Inneren heraus Neues entstehen zu lassen. Meiner Ansicht nach geht es einfach immer weiter und ständig findet Entwicklung statt, ob wir wollen oder nicht. Wer sich nicht selbst blockiert und sich stattdessen erlaubt im Flow zu sein, hat eine der wichtigsten Stellschrauben für ein erfülltes, glückliches Leben gefunden. Für deinen Weg in ein nachhaltiges Leben mit einem gesunden Maß an Müll und Plastik wünsche ich dir von Herzen alles Gute.

Deine Kerstin Mayer

SERVICE

NÜTZLICHE ADRESSEN

Autorin Kerstin Mayer
hallo@laboratorium-nach-haltigkeit.de
Instagram @nachhaltig.leben.mit.kerstin
Podcast „Tschüss Öko-Stress"

AbhaLa
abhala.de
Equipment für bewusst nachhaltige Babyzeit, windelfrei und öko

Beegut
beegut.de
Bienenprodukte bio-zertifiziert: Bienenwachstücher, Kerzen, Propolis und Co.

BUNDladen
bundladen.de
Sortiment mit feinster Öko-Auswahl; Besonderheiten wie Gartentisch aus Holz aus nachhaltiger Fortwirtschaft

Compostella
compostella-online.de
Kompostierbare Alternativen zu Backpapier, Tüten und Büromaterial

Fair Squared
fairsquared.com/de
Große Auswahl an Produkten aus z. B. FSC-zertifiziertem Naturkautschuk als nachwachsender Ersatz für Plastik

Finigrana / Treibholz / Savon du midi
treibholz.de, finigrana.de
Must-have Alepposeife, Haarseife, wunderschöne Olivenholz-Seifenschalen, gläserne Nagelfeile

Finkhof
finkhof.de
Wenn Wolle, dann heimisch und ökozertifiziert. Kleidung für Erwachsene und Kinder. Wolle zum Selberstricken. Decken & Co

Giesen Forsthoff
gf-solingen.de
Solinger Traditions- und Familienbetrieb für erstklassiges Rasur-Equipment und Messer. Rasierhobel in verschiedenen Designs

Greenpeace Magazin Warenhaus
warenhaus.greenpeace-magazin.de
Produkte mit Standing, wie „Detox my Fashion"-Kleidung; Metall-Brotboxen, Saatgut, Nachhaltigkeitspublikationen

Guppyfriend
guppyfriend.com
Reduziert drastisch, dass Mikroplastik beim Maschinenwaschgang ins Abwasser gelangt, zeigt Alternativen zu Plastik in Kleidung

Hans Natur
hans-natur.de
Breites Öko-Sortiment für Kinder und Familie. Wollkleidung, Stoffwindeln, Breischale aus Holz, waschbare Stilleinlagen

Hydrophil
hydrophil.com
Zahnbürsten, Interdentalbürstchen und Wattestäbchen aus Bambus; Seifensäckchen; kooperiert mit Viva con Agua

Imsevimse
imsevimse.de
Waschbare Menstruationsprodukte, Pflegeequipment und Stoffwindeln aus Schweden; Erfahrung seit 1988

Jolu Naturkosmetik
shop.jolu.eu
Manufaktur für Naturkosmetik. Beste Gesichtsmaske im Glas, Handcreme- und Deo-Sticks in Kartonhülsen, festes Shampoo

mein-muesli-laden.de
Trockene Lebensmittel in Papier, verschiedene Packungsgrößen

Memolife
memolife.de
Ursprünglich die Öko-Alternative für Büroausstattung, heute breites Sortiment für alle Bereiche des täglichen Lebens

Monomeer
monomeer.de
Feinstes Sortiment an Haushaltsequipment und Pflege ohne Plastik

---

TIPP

Ein Fotoverzeichnis mit den gezeigten Produkten findest du unter

www.laboratorium-nachhaltigkeit.de/zero-waste-produkte

Naturtasche

naturtasche.de
Beste, feinste, durchdachteste Stoffbeutel ever

Ohne PlaPla Drogerie

greenality.de/ohneplapla
Neuheit in der Welt der Unverpacktläden: Unverpackt-Drogerie in Stuttgart, online über greenality.de

Organicup

organicup.com/de
MensCup-Firma meines Vertrauens; medizinisches Silikon ohne Farbzugabe etc.

Spielberger Mühle

spielberger-muehle.de
Nudeln etc. in Papier, auch Großgebinde; allerhöchste Qualität, Demeter-zertifiziert; beeindruckender Chef mit Herz, Verstand und Mut

tazshop

shop.taz.de
Erlesenes Sortiment an Lifestyle-Produkten für Küche, Esszimmer, Freizeit, Garten und Genuss

ZUM WEITERLESEN

Ausmisten und Minimalismus

KINGSTON, KAREN (2014): Feng Shui gegen das Gerümpel des Alltags. Richtig ausmisten – Gerümpelfrei bleiben. Rowohlt Taschenbuch; 224 Seiten

KONDO, MARIE (2013): Magic Cleaning. Wie richtiges Aufräumen Ihr Leben verändert. Rowohlt Taschenbuch; 224 Seiten

Wie schaffe ich mir mein perfektes Leben?

CARROLL, RYDER (2018): The Bullet Journal Method: Track the Past, Order the Present, Design the Future (in Englisch). Portfolio; 320 Seiten

KOGLIN, ILONA UND ROHDE, MAREK (2017): Ich mach das nächste Jahr zum besten meines Lebens: Die Planungshilfe. KOSMOS; 144 Seiten

KOGLIN, ILONA UND ROHDE, MAREK (2020): Und jetzt retten wir die Welt: Wie du die Veränderung wirst, die du dir wünschst. KOSMOS; 208 Seiten

MOHR, TARA (2015): Playing Big. A practical guide for brilliant women like you (in Englisch). Arrow; 304 Seiten

STRELECKY, JOHN (2007): Das Café am Rande der Welt: eine Erzählung über den Sinn des Lebens. dtv; 128 Seiten

Nachhaltiges Familienleben

DAVIES, SIMONE (2020): Montessori für Eltern: Wie Kleinkinder achtsam und selbstständig aufwachsen. Beltz; 303 Seiten

DEMROVSKI, BORIS (2021): Das Klimakochbuch: Klimafreundlich einkaufen, kochen und genießen KOSMOS; 128 Seiten

SCHMIDT, NICOLA (2015): Artgerecht. Das andere Baby-Buch: Natürliche Bedürfnisse stillen. Gesunde Entwicklung fördern. Naturnah erziehen. Kösel-Verlag; 288 Seiten

WITT, OLGA (2019): Zero Waste Baby – Kleines Leben ohne Müll. Tectum Wissenschaftsverlag; 224 Seiten

Nachhaltiges Gärtnern

GRÜNEFELD, DETTMAR (2008): Das Mulchbuch – Praxis der Bodenbedeckung im Garten. pala verlag gmbh; 162 Seiten

KOGLIN, ILONA UND ROHDE, MAREK (2018): Gärtnern für eine bessere Welt: Rette die Vielfalt: eine andere Welt ist pflanzbar. Das Handbuch für Idealisten und grüne Helden. KOSMOS; 144 Seiten

KREUTER, MARIE-LUISE (2019): Der Biogarten. Das Original. BLV, ein Imprint von Gräfe und Unzer Verlag GmbH; 432 Seiten

REGISTER

BILDNACHWEIS

Mit 133 Farbfotos:
96 von Atelier LYN, Laura Holzmann, Stuttgart: alle Bilder außer
1 von Adobe Stock/Monkey Busines (S. 6); 4 von Holger Haag (S. 5 li., 44/2, 44/3, 102); 6 von iStock (ferrantraite S. 60, Natalia Deriabina S. 88, NYS444 S. 36, real444 S. 36, Svetl S. 46, Tatyana Tomsickowa S. 32/33); 1 von Kerstin Mayer (S. 65/2); 16 von pixabay (460273 S. 54/55 o. und Klappe vorne unten, Jim Black S.40/1, Congerdesign S. 107, 116, Michael Gaida S. 114, gonghuimin468 S. 42, Goumbik S. 99 u.; nick 115 S. 96 o.; Pexels S. 102, 115; Richter Manfred S. 81; StockSnap S. 117; Evgeny Tcherkasski S. 118; tookapic S. 94/95; Logga Wickler S.40/3; xuechao zhu S. 40/2); 7 von Shutterstock (Africa Studio S.43; Fascinadora S. 2/3; Halfpoint S. 68; Robert Kneschke S. 38; Simona pilolla 2 S. 96; Sony Herdiana S. 63; yurakrasil S. 64); 1 von Carolin Völker (S. 24)

IMPRESSUM

Umschlaggestaltung von GRAMISCI Editorialdesign, Isabelle Fischer, Málaga/München, unter Verwendung eines Fotos auf der Umschlagvorderseite von Adobe Stock/Monkey Business.

Mit 131 Farbfotos und 8 Farbzeichnungen.

> Der Inhalt dieses Buches ist sorgfältig recherchiert und erarbeitet worden. Dennoch können weder Autorin noch Verlag für alle Angaben im Buch eine Haftung übernehmen.

Unser gesamtes Programm finden Sie unter **kosmos.de**
Über Neuigkeiten informieren Sie regelmäßig unsere
Newsletter, einfach anmelden unter **kosmos.de/newsletter**

BLAUER ENGEL DAS UMWELTZEICHEN MI6
www.blauer-engel.de/uz195
· ressourcenschonend und umweltfreundlich hergestellt
· emissionsarm gedruckt
· überwiegend aus Altpapier
Dieses Druckprodukt ist mit dem Blauen Engel ausgezeichnet

FSC www.fsc.org
RECYCLED
Papier aus Recyclingmaterial
FSC® C110508

Gedruckt auf chlorfrei gebleichtem Papier
Frei von Druckfarben und Klebstoffen auf Mineralölbasis
100 % Recyclingpapier und -karton

© 2021, Franckh-Kosmos Verlags-GmbH & Co. KG,
Pfizerstraße 5–7, 70184 Stuttgart
Alle Rechte vorbehalten
ISBN 978-3-440-17227-8
Redaktion: Stefanie Tommes
Gestaltungskonzept: GRAMISCI Editorialdesign, München
Gestaltung und Satz: Katrin Kleinschrot, Stuttgart
Produktion: Markus Schärtlein
Druck und Bindung: Westermann Druck Zwickau GmbH, Zwickau
Printed in Germany / Imprimé en Allemagne

Nachhaltig leben
—— bewusst genießen

Gärtnern auf Balkon und Terrasse macht unsere Städte immer lebenswerter. Aber wie schafft man es, den Balkon umweltfreundlich ergrünen zu lassen? Melanie Öhlenbach zeigt, wie man in Töpfen und Kisten nachhaltig gärtnert: mit plastikfreier Ausrüstung, ressourcenschonenden Substraten, insektenfreundlichen Blumen, Ziergehölzen und Kräutern und köstlichem Mini-Obst. Mit ihren praktischen Lösungen und kreativen DIY-Ideen gelingen auch Anfängern ökologisch wertvolle Oasen für Mensch und Tier.

128 Seiten, ca. € (D) 18,–

Nicht nur Industrie und Verkehr, auch unsere Ernährung beeinflusst das Klima. Wer seinen CO2-Fußabdruck beim Essen und Trinken verringern will, findet in diesem Buch die passenden Rezepte und Tipps zum nachhaltigen Einkaufen, Kochen und Genießen. Alle Rezepte, darunter viele vegetarische und vegane Varianten, sind einfach nachzukochen und setzen auf regionale Küche. Info-Texte erläutern die Zusammenhänge von Ernährung und Umwelt und auf den Klappen finden sich Ideen zur Resteverwertung zum schnellen Nachschlagen.

128 Seiten, ca. € (D) 18,–